谭延军 著

人力资源管理实操

人才管理+
绩效考核+
薪酬激励+
数字化管理

化学工业出版社

·北京·

内 容 简 介

本书是供人力资源管理者随查随用的实用性工具书，书中总结和概括了大量图示、表格、模板。全书共11章。第1章从整体上阐述什么是人力资源管理，包括人力资源管理的概念、重要性和工作内容等；第2章围绕"以人为本"的管理理念，全面阐述如何基于"人才"展开工作；第3～10章分别从招聘管理、用人管理、留人管理、人才培训、绩效考核、薪酬管理、数字化管理及其他管理8个方面，详细阐述了人力资源管理工作的技巧和方法；第11章以实例形式阐述人力资源管理实战，分析了人力资源管理理论在典型企业的实际应用。

本书还以电子版的形式附录了不同职能人员职责对照表、人力资源管理常用的工具以及人力资源管理工作流程图，可供人力资源经理，HR，负责员工招聘、培训、绩效考核、薪酬管理、考勤管理及合同管理等的人力资源部门的相关人员，以及部门经理、团队领导等阅读参考。

图书在版编目（CIP）数据

人力资源管理实操：人才管理＋绩效考核＋薪酬激励＋
数字化管理/谭延军著. —北京：化学工业出版社，
2022.8

ISBN 978-7-122-41635-3

Ⅰ. ①人… Ⅱ. ①谭… Ⅲ. ①人力资源管理 Ⅳ.
①F243

中国版本图书馆 CIP 数据核字（2022）第 100386 号

责任编辑：卢萌萌   文字编辑：李 曦
责任校对：刘曦阳   装帧设计：水长流文化

出版发行：化学工业出版社（北京市东城区青年湖南街 13 号 邮政编码 100011）
印 刷：三河市航远印刷有限公司
装 订：三河市宇新装订厂
710mm×1000mm 1/16 印张 15½ 字数 265 千字 2023 年 1 月北京第 1 版第 1 次印刷

购书咨询：010-64518888   售后服务：010-64518899
网 址：http://www.cip.com.cn
凡购买本书，如有缺损质量问题，本社销售中心负责调换。

定 价：68.00 元   版权所有 违者必究

前　言

　　华为"以人为本"的用人理念；IBM不拘一格的招聘理念；微软"一切从战略做起"的人才开发实践；通用电气与员工一起成长的职业规划之道；惠普物质非物质并重的个性化激励艺术等，都是以完善的人力资源管理体系为基础。

　　纵观那些名企无不重视人才管理，重视人力资源管理。企业间的竞争已经成了人才的竞争，人才的重要性已成为各行各业的共识。人力资源是企业的核心资源，对人才的管理也是企业管理的主要工作之一。

　　本书倡导做人力资源管理坚持以人为本，基于人的管理开展所有工作。帮助企业人力资源管理人员及管理者树立正确的人才观，掌握管理工作的原则、方法和技巧。围绕人力资源管理日常工作展开，目的是激发员工的积极性、主动性和创造性。

　　全书共11章，3个附录。第1章从整体上阐述人力资源管理，包含人力资源的概念、人力资源管理的重要性和人力资源管理工作的内容等；第2章围绕"以人为本"的管理理念，全面阐述如何基于"人才"展开工作；第3～10章分别从招聘管理、用人管理、留人管理、人才培训、绩效考核、薪酬管理、数字化管理及其他管理8个方面，详细阐述人力资源管理工作的技巧和方法；第11章以实例形式阐述人力资源管理实战，分析了人力资源管理理论在典型企业的实际应用。

企业人力资源管理数字化转型，已经成为当今企业人力资源管理的主流趋势，也对人力资源从业者提出了新的挑战。人力资源展开数字化转型势在必行，但转型并不仅仅是对人力资源管理者系统升级那么简单，更重要的是人力资源管理者的思维和工作方式的转型。

3个附录分别为不同职能人员职责对照表、人力资源管理常用的工具、人力资源管理工作流程图。本书针对性强，语言凝练，是作者根据实战精心总结而出，具有极强的实践性、指导性。

另外，本书在写作上也力求切合实际，结合相关知识，打破学科界限。比如，融合人际关系学、劳动法等内容，争取以一个全面、正确的态度引导读者。由于人力资源管理是一门实践性很强的学科，本书又增加了一些实务操作的介绍，提供了一些相关的实例，便于读者运用理论分析案例，培养分析问题和解决问题的能力。

本书知识点系统全面，语言通俗易懂，配图清新自然，可谓一册在手，工作无忧。此外，在保证知识系统性、全面性的同时，又本着简单化、兴趣化原则，让读者轻松阅读，学习每一个知识点，熟练掌握人力资源管理技巧。

限于作者时间及水平，书中难免有疏漏之处，敬请广大读者批评指正。

著者

2022年5月

目 录

第 **1** 章

人力资源管理概论

人力资源管理是企业人力资源制度以及相应管理活动的统称。具体讲是根据企业发展要求，通过员工招聘、培训、绩效考核、激励等一系列活动，有计划、有目的地对人力资源进行管理和调配，以最大限度地调动员工工作积极性，激发员工潜能，确保企业目标的实现。

1.1 人力资源的概念

人力资源是企业实现绩效结果的最重要的战略资源，对于人力资源概念学术界有诸多观点，最具代表性的有两种。

一种是雷西斯·列科的观点，认为人力资源不仅是一种生产能力，还包括客户的认可度，人力结构的生产力和客商信誉的价值；另一种是内贝尔·埃莉斯的观点，认为人力资源是一种综合能力，即有利于提高企业预期经营活动的能力总和，包括企业内部员工部分（比如，总经理、员工等）和可提供潜在服务的外部人员部分（比如，客户、供应商等）。

具体如图1-1所示。

图1-1　人力资源概念的两种观点

两人对人力资源的定义，也可以理解为企业人力资源的两个部分。一部分是可利用的资源，指社会对企业的所有供给，或者企业具有可选择的人力资源空间；另一部分是正在利用的资源，包括在职员工、合作商、客户以及企业所拥有的其他资源。

就目前而言，大多数企业在人力资源的运用上都在实践着以上两个观点。

1.2 人力资源管理的重要性

人力作为一种资源只有在科学、合理的管理下，才能发挥出价值，促进企业的发展。人力资源管理，简称HR（Human Resource）是指在经济学与人本思想指导下，通过招聘、甄选、培训、报酬等管理形式对组织内外相关人力资源进行有效运用，满足组织当前及未来发展的需要。

良好的人力资源管理工作对企业的生存与发展具有重大促进作用，主要表现在如图1-2所示的四个方面。

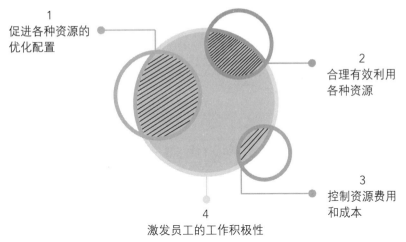

图1-2　人力资源管理工作对企业的促进作用

（1）促进各种资源的优化配置

企业资源是由人力资源、财力资源与物力资源组成的，人力资源是其关键部分，可将其他资源进行有效的整合，使各种资源以最有效的方式结合起来，在生产经营的过程中发挥最大效用。

（2）合理有效利用各种资源

通过人力资源管理可以使企业资源在合理配置下进行有序的生产、管理，避免简单、盲目地进行投入。也就是说，人力资源管理活动可以使企业的投入以一种科学、合理的方法进行，从而有利于企业的资源得到充分的开发和利用，降低消耗，减少资源的不合理运用。

（3）控制资源费用和成本

人力资源管理中有一项主要的内容，即人力资源费用，包括生产经营中的人工成本、人力资源管理费用等。如果对这笔费用实施有效的管理，做好整体的规划，严格控制预算、核算、审核、结算等，便可以大大降低企业的用人用工成本，达到削减企业生产经营成本的目的，使企业能够在市场竞争中采取更低的价格战略抢占市场份额。

（4）激发员工的工作积极性

现代企业尊崇"以人为本"，人力资源管理可通过岗位工作扩大化与丰富化，或劳动环境优化等措施，营造出一个员工需要的且能够接受的环境，让每位员工以饱满的热情去工作。同时，在保持愉快的情况下激发出自身的潜能，提高工作效率。

明确了人力资源管理工作在企业中的重要作用，就应该尽最大的努力促使企业管理层加大对人力资源的开发和投入，完善人力资源管理体系，以便为实际运用提供坚实的基础和切实的保障。

1.3 人力资源管理工作的内容

人力资源管理工作是一项综合性的管理工种，范围广，内容多，概括起来主要包括如图1-3所示的六个方面。

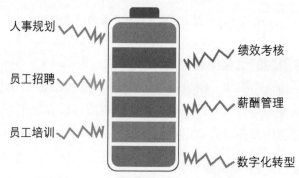

图1-3 人力资源管理工作的六项内容

（1）人事规划

人事规划，是建立在对企业总目标、市场需求、实际需求的分析和预测基础上，对企业拥有的所有人力资源进行总体战略性规划，制订人力资源战略，对企业人力资源重大问题、长远方向、全局性地统筹计划和安排。

（2）员工招聘

企业每年都需要注入新鲜血液，及时寻找、吸引并鼓励符合发展要求的人加入企业。在这一过程中，人力资源部门担任着重要作用。根据人力资源规划、企业发展需求，进行新员工甄选工作，是人力资源开发与管理的第一项工作，也是企业人力资源管理工作的起点。

（3）员工培训

对员工进行培训是为应对市场变化，满足企业不断完善自己、提高自己的需求。也是员工增长技能，自我提升的需要。人力资源管理部门要依据这些需要，对员工进行定期或不定期的培训。

（4）绩效考核

对员工绩效进行考核，早已经成为人力资源管理不可或缺的内容。然而，由于这项工作烦琐复杂，技术性极强，存在着理解上的误区，阻碍了考核工作的正常开展，影响了考核结果的公正性和客观性。

（5）薪酬管理

薪酬代表着企业和员工之间的一种利益交换。对于企业而言，薪酬管理是控制经营成本、改善经营绩效以及提高竞争力的重要手段。对员工而言，薪酬主要起到保障功能、激励功能以及价值实现功能等方面的作用。

建立具有激励性的薪酬制度，激发员工的积极性、创造性。只有制订一项好的制度，才能留住人才。薪酬制度已经成为一种激励、管理的手段，人力资源管理部门有责任帮助员工设计、管理、协调、实现福利计划。

（6）数字化转型

随着互联网的发展，数字化转型在企业未来的作用越来越重要，人力资源部作为企业最关键的职能部门之一，在数字化转型中承担着不可忽视的作用。

人力资源承担企业数字化能力的获取和数字化能力提升的资源支持，是打造数字化人才队伍的最重要的职能部门，人力资源在数字化转型中发挥着至为关键的职能。

加强人力资源的支持作用，是数字化能力提升取得成功的关键因素。人力资源需要强化自己的主动性、积极性，在数字化时代，积极探寻数字化人才培养的策略，将企业的培训重点有机结合到数字化能力培养上来。同时，协同业务部门、科技部门等相关部门在企业数字化战略的指导下开展人才队伍建设。

第 **2** 章

以人为本，围绕人才管理开展工作

人力资源管理是因人的存在而存在的，人力资源管理的本质就是以开发、合理利用人力资源为基本内容，通过组织、协调、控制、监督等手段对人力资源进行整合，使企业中的个体和团体发挥最大的潜能，做到人尽其才，才尽其用。

2.1　人力资源管理重在管"人"

以往的管理是管"事"不管"人"，重"物"轻"人"，在这样的观念支配下，"人"只能是企业获取经济利益的工具，而无法成为持续创造价值的核心力量。"人"一旦被当作工具来使用，创造力、自我能动性都会被限制，不利于主观能动性和潜力的发挥。

现代管理学把对"人"的管理提在了首位，最直接的体现就是在人力资源管理上。正如现代管理学之父彼得·德鲁克所说："人力资源与其他所有资源相比较而言，唯一的区别就在于它是人。"人力资源管理的目的之一就是充分发挥人的积极性、主动性和创造性。

因此，人力资源管理工作应该坚持以"人"为本，研究如何通过发挥人的作用，实现企业其他资源的合理配置和持续稳定的长远发展。

案例2-1

自从1988年以来，30多年间华为公司成长为全球通信设备产业的先行者，靠的是什么？靠的是竞争力。华为的核心竞争力来自它的核心价值观，即以客户为中心，以奋斗者为本，长期坚持奋斗。当十多万人的知识型人才聚集在一起的时候，才会真正感受到，尽管技术很重要，资本很重要，但更重要的还是人力资本。

因此，华为人力资源管理的核心是："什么都可以缺，人才不能缺；什么都可以少，人才不能少；什么都可以不争，人才不能不争。"

案例2-2

美国通用电气公司在管理中十分重视人的作用，任何管理活动，最根本的就是抓三件事：人事、财务、物资。并认为，企业的成功取决于人事经理办公室。为此，公司的人事部门改叫人事管理部，目的就是强调对人的管理，最大限度地开发和挖掘人的潜力。

从人事部门到人事管理部，表面上看改变的只是一个名称，却真正反映了通用电气公司对"人才"的重视，也标志着将人才管理上升到了以人为本的高度。也正是从此以后，通用电气从最高管理层到各级人事部门都很重视用人之道，并建立了一整套人事管理制度，从职员的招收录用、培训、考核任免，到奖惩、工资和解雇等方面，加强对人的科学管理。做到人尽其才，以确保公司在高度竞争的世界市场中居于领先地位。

以上事实说明，企业是一个经营活动组织，它必须为社会创造价值，自身才有存在的必要性。而这种价值是什么呢？不仅仅是经济利益，还包括人才。有的管理学家就提出，企业不仅要为社会提供有益的产品，还要培养出对社会有用的人才。

从这个角度来看，人力资源管理工作的核心必须是管人，以人为本，充分发挥人才的主观能动性，让每个人的价值得到最大限度的发挥，这也是全面人力资源管理的最大特点。

全面人力资源管理阶段，是继劳工管理阶段、雇佣管理阶段、劳动人事管理阶段之后第四个阶段，也是20世纪90年代以来人力资源管理发展历程中的一个新阶段。在对待人的因素上，全面人力资源管理阶段表现出了与以往三个阶段的不同，如表2-1所列。

表2-1　人力资源管理的四个阶段

阶段	时间	人才任用特点	备注
劳工管理阶段	18世纪后期～20世纪初	无任何规章制度，主要靠经验和个人喜好用人	亚当·斯密的劳动分工说；欧文的工厂实验；亨利·汤的收益分享制度
雇佣管理阶段	20世纪初～20世纪40年代	出现系统化、标准化、制度化管理，更注重精细化操作和分工协作。比如，出现选择性的录用、安置、调动和培训	泰罗在20世纪初创建"泰罗制"管理理论体系；罗伯特·欧文的8小时工作制；假日双薪制、医疗补助
劳动人事管理阶段	20世纪40年代～20世纪90年代	内容进一步扩大，出现了"四高"：高年龄、高工龄、高学历和高工资。失业管理、激励管理成为主要内容	
全面人力资源管理阶段	20世纪90年代至今	人首次作为一种资源被看待，从系统的思想出发，强调对人进行内在、整体、动态的管理，重视人才开发和行为管理	包括合理组织员工培训、保护员工权益、劳动保险和福利制度建设，及相关人事计划、统计、企业文化建设

从表2-1中可以看出全面人力资源管理阶段具有全程性、全员性和综合性，它贯穿于企业管理活动的全过程，涉及从企业高层到一线员工的所有人员，而且所涉及的学科、范围非常广，除了包括人员的调配使用、劳动力合理

组织等传统的管理之外，还包括人才的开发和行为管理。

那么，人的因素在人力资源管理活动中如何体现呢？人力资源管理活动包括如图2-1所示的五大项：计划、组织、用人、领导和控制，人在各自的管理活动中都有不同的体现。

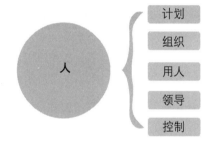

图2-1　人在人力资源管理活动不同阶段的体现

（1）计划

人力资源的开发与管理计划是企业所有计划的基础，有了科学、可行的人力资源计划，其他计划都可以制订出来并得到实现。如果没有一个完美的人力资源计划，其他计划都会失去根基。而一个计划从制订到实现必须通过人，不同的环节需要不同的人来实践。

（2）组织

组织包含两方面内容：一是设计出有一定目标的责权机构，二是选派合适的人员承担这些责任。这是人力资源管理的两项核心内容，企业的一切活动都是在组织的推动下进行的。

（3）用人

选拔、考核和培训是用人的三项主要工作，贯穿于企业人力资源管理活动的全过程。

（4）领导

采取措施激励员工，使员工认识到为实现组织目标而工作，符合自身的利益。

（5）控制

对员工的工作进行评估，及时纠正偏差，以保证计划的实现。

由此可见，人力资源管理工作的五项职能都是如何管人，或者是以管人为核心，提倡在企业效益最大化的前提下发挥每个人的专长。人力资源管理工作是"管人"还是"管事"，其实是不矛盾的。管人是基础，是核心，管事则是结果，是直接体现。

2.2 制订科学的人力资源战略

人力资源战略是指科学地分析预测组织在未来环境变化中，人力资源的供给与需求状况，制订必要的人力资源获取、利用、保持和开发策略。有效的人力资源战略能确保企业在需要的时间和需要的岗位上，对人力资源在数量上和质量上的需求，使组织和个人获得不断的发展与利益，是企业发展战略的重要组成部分；有利于提高企业业绩，形成持续的竞争优势。

制订人力资源战略是人力资源管理工作的主要内容。根据企业发展目标、经营策略，以及内外部条件，制订出符合企业需求的战略。

制订人力资源战略的步骤如图2-2所示。

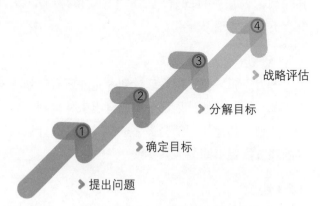

图2-2 制订人力资源战略的步骤

（1）提出问题

提出问题是解决问题的一半，在制订人力资源战略之前，人力资源管理经理需要针对企业的业务发展战略、人力资源存量等实际情况提出相应的问题。常见问题如表2-2所列。

表2-2 制订人力资源战略应该考虑的问题

问题	具体内容
1	基于企业战略的需要，企业需要多少人力？
2	重点获得并储备哪些人才，及如何平衡各种人才资源的比例关系？
3	基于企业战略的实现需要，员工应该具备什么样的专长与技能？
4	企业将如何利用现有人力资源？
5	采取什么政策处理好员工关系？
6	如何激活企业现有人力资源的潜能，提高现有员工的士气？

（2）确定目标

人力资源战略目标是对未来人力资源所要达到某个高度的具体要求，具体包括人力资源的数量与结构、素质与能力、劳动生产率与绩效、员工士气与劳动态度、企业文化与价值观、人力资源制度、开发与管理成本，以及方法水平等。

① 根据企业发展战略，预测人员需求。企业各个部门要按照职位要求，进行未来岗位需求分析，做好与岗位需求相匹配的人员配置预测。

② 分析企业人力资源存量状况，进行人员供给预测。通过对本企业内外部人力资源状况的详细分析，合理预测未来人力资源供给规模和趋势。

③ 分析供求平衡，提出供求保障措施。在现状分析的基础上，发现企业人力资源方面存在的现实问题，提出实现供求平衡的保障措施。

④ 进行内、外环境的客观分析。人力资源战略目标是根据内外部条件变化的需要而制定的，因而首先要考虑内外部环境。比如，劳动力市场供求现状，就业、失业情况，劳动力素质，人力资源的再生现状与趋势，都应是分析的内容。

（3）分解目标

确定总目标后，需要将这个目标层层分解到部门和个人，确定子目标。目标分解示意图如图2-3所示。

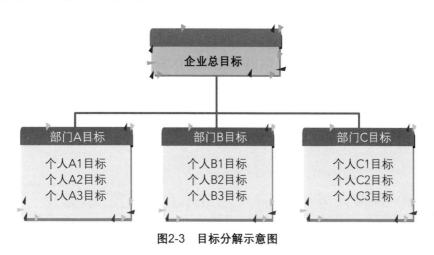

图2-3 目标分解示意图

在分解总目标时需要注意：一要根据部门、员工自身条件与能力进行，切不可做出不切实际的划分；二保证分解后的目标有可操作性、可监控性。

接下来是解决何时完成、如何完成的问题，即要将人力资源战略分解为行动计划与实施步骤。在这个过程中，还有一项重要的工作就是要协调好组织与个人间的利益关系。如果这个问题处理得不好，就会给人力资源战略的实施带来困难。因为过分强调组织利益而忽视个人利益，则员工必然会产生不满；过分强调个人利益而忽视企业、组织的利益，则有可能会给集体带来巨大损失。

（4）战略评估

人力资源战略评估是在战略实施过程中寻找战略与现实的差异，发现战略的不足之处，并及时调整战略，使其更符合组织战略的过程。战略评估，同时还是对人力资源战略的经济效益进行评估的过程。

常用的一个评估方法就是目标汇总法，如图2-4所示。

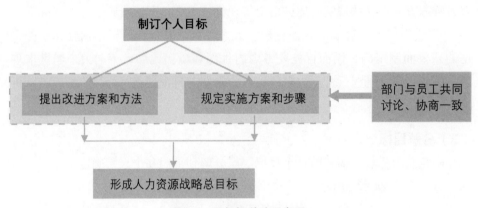

图2-4　目标汇总法示意图

目标汇总法是目标分解法的逆向过程。首先需要部门负责人与每位员工进行讨论，制订个人目标，在目标制订时充分考虑员工期望与组织对员工素质、技能、绩效的要求，同时提出工作改进方案与方法，规定目标实施的方案与步骤，然后再由此形成部门目标，由部门目标形成组织的人力资源战略总目标。

2.3 培养人才：促进人力成本向人力资本转化

世界名企对员工的培养各有各的模式，最具有代表性的就是成立专门的培训机构。例如，宝洁有宝洁学院，麦当劳有麦当劳大学，西门子有西门子管理学院。被誉为"全球第一CEO"的杰克·韦尔奇任通用电气公司总裁后，为降低成本，对几乎所有部门都削减开支，却唯独对企业的培训中心慷慨地投入。

　　企业之所以在员工培训与开发上投入大量的时间、金钱，其目的是希望把培训作为重要的投资以获取更大的回报。可见，无论什么行业，企业要想持续发展唯一离不开的就是培训，人才培养可使人力成本直接转化为效益。

　　对于人力资源，有人说是成本，有人说是资本，成本和资本的产出不同，基于此，有些人就认为对员工是否应该大力培养。

　　人力资源到底是成本还是资本，是相对而言的，两者的界限就在于产出的大小。以员工薪酬为例，比如A企业付给某员工年薪100万，当该员工创造的利润大于100万时，企业就会继续用这个人；当该员工创造的价值小于100万，或远远小于预期时，企业有可能就不会继续用他。

　　当然，这个案例比较绝对，现实中很少有这样的，这里只是单纯地说明人力资源成本与利益的关系，它们永远呈一个剪刀差。不过，这种差距通过对员工多样化、高效的培养可以大大缩小，达到用最少的人力成本得到最多产出的目的。

　　人才培养是企业最有价值的投资，而且这种产出是永恒、长期有效的。培养人才的价值主要表现在如图2-5所示的四个方面。

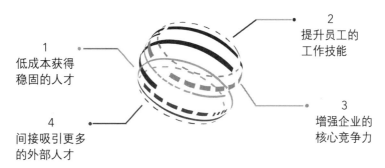

1
低成本获得
稳固的人才

2
提升员工的
工作技能

3
增强企业的
核心竞争力

4
间接吸引更多
的外部人才

图2-5　企业自我培养人才的价值

（1）低成本获得稳固的人才

　　日本松下电器有句名言，"出产品之前先出人才"，其创始人松下幸之助更是多次强调："一个天才企业家总是不失时机地，把对职员的培养和训练摆上重要的议事日程。培训是现代社会背景下的'杀手锏'，谁拥有它，谁就预示着接近了成功，只有傻瓜或自愿把企业推向悬崖峭壁的人，才会对培训置若罔闻。"

　　这说明企业要想快出人才，多出人才，出好人才，只能依靠自己培养。这既是最有效的方式，也是成本最低的方式，通过自我培养可以提高员工的专业素质、业务能力和综合能力。

（2）提升员工的工作技能

提升员工素质和工作技能是培训的直接目的，但对企业长远利益的影响却是潜移默化的。因人员素质的提高、技能的提升带来的企业效益非常显著。比如：在摩托罗拉，每花1美元在培训上，就可以连续三年，每年提升30美元的生产力。

哈佛大学一项研究表明，员工能力每提高1%，企业盈利随之会提高2.5%。越来越多的企业明白一个道理：投在人脑中的钱比投在机器上的钱能够赚回更多的钱。

（3）增强企业的核心竞争力

竞争是企业的常态，面对日益激烈的市场竞争，只有比对手有更多竞争优势才能站稳脚跟，赢得一席之地。比如，人才优势、企业品牌形象、客户忠诚度。而这些优势考的就是企业培训，没有经过训练的员工，不但会降低产品和服务质量、影响顾客的购买决策，还会损害企业的品牌形象。因此，对企业而言，培训正是增强核心竞争力的有效手段之一。

（4）间接吸引更多的外部人才

企业自己培养人才不仅是企业发展的需要，更是人才自身的需要，只有企业重视培训才能吸引更多优秀人才的加盟。人才在应聘企业时，其中一个重要的因素便是要考虑这个企业是否能为员工提供良好的培训机会。

有公司曾对国内十几所著名大学的学生进行过求职意向调查，结果表明，80%的人把去外企谋职当作第一选择。当问及原因时，几乎都把外企的培训与发展的机会当作首选因素。

企业不能简单地将人才的培养看作是一项成本或支出，而应该看作是一项意义重大的投资活动。没回报的投资是纯粹的支出，而投资人才是有回报的。正如美国未来学家约翰·奈斯比特所说："成功的企业要把办公室与教室连在一起。"意思是企业必须持续地对员工进行培养，从而使员工可以不断地适应新工作、新环境、新的发展要求。

2.4 科学用人：建立"人岗匹配"的用人机制

企业与员工是一个利益共同体，两者最完美的状态是"人岗匹配"，即"岗得其人""人适其岗"。"人岗匹配"是企业对人力资源进行有效配置和合理运用的基础，根据各人的特长和优势，将其安排在最合适的岗位上，从而达到"人尽其才，物尽其用"的效果。

案例2-3

> 爱丽客是高档汽车护理用品品牌，产品覆盖车蜡类和清洗剂类的汽车外部护理用品和汽车内各部件养护的汽车内部护理用品。有良好的海外声誉，产品远销全球50多个国家。企业内部也一直都坚持以人为本的管理体系，以人为中心，尊重每一位爱丽客人，积极开发员工的潜能，从而塑造高素质的员工队伍，实现员工的全面发展。
>
> 爱丽客推行人才战略，在人才运用方面积累了丰富的经验。"人岗合一，发挥天赋"就是其用人之道的精髓。爱丽客的每位员工都被看作是人才，且能充分发挥自己的才能，这都源于每个人都找到了适合自己的岗位。
>
> 如何科学地筛选合适的人才显得尤为重要，在爱丽客筛选人才需要多个环节，并且每个环节都很严格，只有顺利通过了所有的考核才能被录用。这也是公司秉着对双方负责的态度，因为公司一旦用错一个人不仅会对公司造成成本的损失，更会耽误了一个人的青春。所以在如何科学地筛选合适的人才方面，公司可谓是使出浑身解数去设计环节，力求以最短的时间全面地考察一个人。
>
> 爱丽客在选择人才时要经过筛选简历、复试、电脑测评、背景调查、特种兵训练5个环节，每个环节都会根据人才表现淘汰一部分。这就使得人和岗位更加匹配，使任职者最大限度地展示自己的才能。

人岗匹配，无论对员工还是对企业都是有好处的。一方面，就员工而言，对其才能的充分展现有莫大的促进作用，每个工作岗位都对任职者有各方面的要求。只有当任职者具备这些条件并达到相应的水平，才能胜任这项工作，后期才能获得最大的绩效。另一方面，对企业而言，当员工才能得到最大限度发挥时，企业也会得到相应回报。

那么，可以从两个方面来理解"人岗匹配"的问题。

2.4.1　知岗：岗位分类

"人岗匹配"的起点应该是知岗，因为只有了解了岗位，才能选择适合岗位的人。如果脱离了岗位，所谓的"人岗匹配"无疑就是"空中楼阁"，失去了存在的基础。

岗位分类是从横向到纵向维度划分的一个过程，通过对岗位的分类，区别出不同岗位的类别和等级。工作岗位常常可以分为这样几个类别：职系（细类）、职组（中小类）、职门（大类）、职级、职等。

这几个类别恰恰是从横向到纵向分级的逐步过渡。其中，职系和职组是按照岗位的工作性质和特点进行的横向分类，职级和职等是按照岗位责任大小、技能要求、劳动强度、劳动环境等要素进行的纵向分级，职门属于过渡阶段，两者皆不属于。岗位分类示意图如图2-6所示。

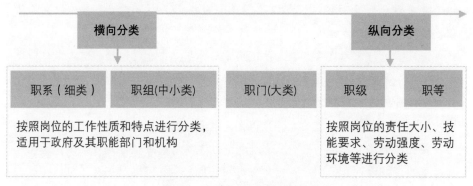

图2-6　工作岗位分类示意图

一般来讲，横向分类适用于国家各级政府及其职能部门和机构，而纵向分类适用于实行横向分类以外的各种单位。

（1）工作岗位横向分类的原则、步骤

① 原则。岗位分类的层次宜少不宜多；直接生产人员岗位的分类应根据企业的劳动分工与工作的性质及特点来确定，而管理人员岗位的分类则应以具体的职能来划分。

② 步骤。按照职门→职组→职系的路径进行，具体如图2-7所示。

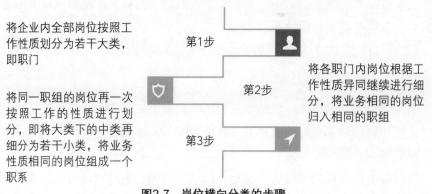

图2-7　岗位横向分类的步骤

（2）工作岗位纵向分类的原则、步骤

① 原则。确定出划分档次数量，以提高评比的精确程度。如设档太粗，起点档级点数偏高，关键技术岗位与一般岗位、生产线上岗位与辅助生产岗位的职级就可能拉不开差距。

② 步骤。具体如图2-8所示。

先依据岗位评价要素重要程度，确定最重要和最次要的，并赋予相应的点数 第1步

第2步 采用相对比较法，将其他要素与极限要素指标——比较，以认定它们的相对位置，并赋予相应的点数

将评价要素依重要程度高低分为几个档次，且每个档次都是等距（或等差、等比）的 第3步

图2-8　工作岗位纵向分类的步骤

2.4.2 知人：知人善任

当知道了岗位的特点和要求，就应该进入"人岗匹配"的关键环节——知人。知人善任是实现"人岗匹配"的最后一步，也是能不能发现并最大限度地利用员工的优点，将合适的人放在合适的位置，尽量避免人才浪费的最关键一步。每个人都有自己的特点和特长，知人善任，让下属去做适合他们的事情，这样才能充分发挥他们的工作潜能，实现人才的有效利用。

知人的方法有很多，如履历分析、纸笔考试、心理测验、笔迹分析、面试交谈、情节模拟、评价中心技术等。或基于人，或基于事，任何一种方法单独使用对"人岗匹配"的帮助都不是非常明显。为了更好地知人、识人，需要按照以下三个方面做。

（1）清晰界定和岗位描述

进行岗位分析，并在其基础上，按照岗位工作流程和工作内容进行岗位描述，这是人力资源管理经理知人、识人的基础性工作。

（2）定义胜任能力的标准

所谓胜任能力，就是指决定员工胜任某一岗位，并在该岗位上能够产生高绩效的个人特质的总和。它包括六个维度：知识、技能、社会角色、自我认

知、品质和动机。正确地选人应该是以胜任能力为标准，考量人的能力素质与岗位任职要求是否匹配。

（3）确定有效的评价方法

确定胜任能力标准以后，究竟使用哪些办法才能公平、有效地选准人？很多企业都实施过竞聘上岗，核心评价环节就是发表竞岗演讲，题目往往是"如果我担任××岗位工作会如何如何"。但考核结果常会产生两种现象：一类人是能说但不会做，上来后业绩不行；另一类人是能做但不会说，竞聘过程很难发现其才能。

人力资源在用人上，应该坚持以每位员工的专长为出发点，给予最合适的岗位，并依照其特点变化进行灵活调整。这样才能"岗得其人""人适其岗""人岗匹配"，达到人与岗的统一，让组织团队发挥最大的效能。

2.5 留住人才：制度、薪酬、文化，多管齐下

花重金请来的或培养出来的人才，要么拍拍屁股走人，要么被同行挖走，投到竞争对手门下。跳槽已经成为很多企业面临"用人荒"的主要原因，跳槽是对企业生存和发展的巨大考验，也是令人力资源管理经理最头疼的问题。

案例2-4

长江三角洲区是我国民营企业、中小企业的聚集地，这里有上千家公司，2015年国家加大了对该地区的投资和建设，明确了发展的战略性地位。到2020年，力争率先基本实现现代化，而人才紧缺成为最主要的制约因素。

某生产显示器的企业就是其中之一，该公司年利润高达3亿，2008年，企业扩大规模，为了适应新的发展形势，在管理上进行了一系列的变革。但这次变革并没给企业带来什么实惠，反而令很多员工常有不满，不断有人辞职。每个月的流失率高达8%，年流失率在50%以上，也就是说一年下来员工换了一半。

人员的频繁流动给企业带来的成本是非常大的，年财务报告显示，企业收入增长了30%，利润却丝毫没有增加，这部分利润正是被一年来高额的人员流动成本抵消了。

上述现象反映了企业人员流失严重的问题，可见，跳槽导致的用人荒已经

直接影响到了企业的经济效益。
这个问题不解决，企业将很难取
得长足的发展。那么，是什么原
因导致员工频繁跳槽呢？原因很
多，有来自员工方面的，也有来
自企业方面的，往往是多个因素
交织在一起，错综复杂。常见的
有六大原因，如图2-9所示。

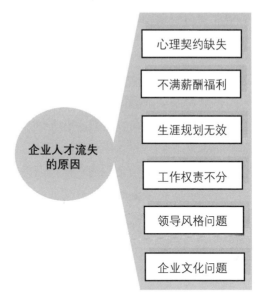

图2-9 企业人才流失的六个原因

招人难，留人更难，很多时
候，留住一个人比招聘到十个人
更有意义。招的人再多，如果无
法让其安下心，踏踏实实地为企
业服务，不但不会带来高利润，
反而会造成资源的巨大浪费。

人力资源管理工作的首要任务就是防止人才流失。那么怎样才能留住人
呢？常用的方法有四个，如图2-10所示。

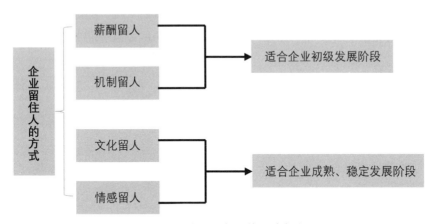

图2-10 企业留住人的四种方式

（1）薪酬留人

获得高薪酬是员工工作的首要目标，大部分员工对薪酬是最敏感的，只有
得到高额的报酬，才有更高的工作动力，才能对企业更加忠诚。因此利用高薪
酬来留住人才也是一种非常实用的方法，这就需要人力资源管理者制订科学、
合理的薪酬方案。

将行业薪酬标准、企业薪酬标准与员工的心理期望充分结合起来，必要的

时候还可以采取一些特殊的形式增加员工的收入，比如交通补助、餐饮补助、通信补助等。也就是说，一定要让员工感到自己的付出与收入足够的平衡。

（2）机制留人

高薪酬和高福利纵然能吸引人才，但某些员工更注重发展的机会和施展的平台，尤其是企业高管，或者在薪酬上已经达到期望值的员工，他们最大的希望是如何展现自己的才华，如何实现自己的价值。

对这部分员工最主要的是把他们内心的情绪充分调动起来，不仅仅要做好物质层面的，更主要的是精神层面的，比如提供主要部门的管理人员、领导企业核心团队，负责企业的重大项目等。

（3）文化留人

企业文化反映着一个企业的经营理念、社会责任感和价值观，人才真正被吸引的是，对这个企业文化的认同。纵观世界上那些著名的企业无不注重企业文化建设，无论企业发生了什么样的变化，他们的企业文化是基本不变的，或者说，企业文化的核心价值是不变的。最根本的原因就是文化为员工提供了共同的行为准则和价值观。

企业的成功源于员工对组织价值的确认、信奉和实践，搞好企业文化建设的目的就是营造一种吸纳、激励、留住优秀人才的良好氛围。

（4）情感留人

情感留人，在四种留人方式中是最有争议的，也被认为是最不稳定的。其实，这是一种误解和偏见，情感留人是对薪酬留人、机制留人最有益的补充。试想一下，只讲高待遇、事业、前途，不考虑感情投入，如果另一个地方有更高的待遇、有更好的发展平台，对方照样会走人。如果对企业、对领导有感情，即使别的地方再好，薪酬价码再高，从情感接受程度、心情的舒畅上考虑，往往也是想走而舍不得走的。

因此，与"薪酬留人""机制留人"相比，"感情留人"方法看似难做，其实还是比较容易的，关键是看你待人是否真诚，是否体察下情，真诚地为员工做实事。

当前企业与员工之间的雇佣关系已经发生了根本性变化，从过去的"买方市场"逐渐转变为"卖方市场"。在这种大背景之下，企业在留人上越来越被动，因此，不能希望以单一的手段留住他们，最好的方法就是利用薪酬、机制、文化、情感等多种方式，从多个层面入手。

第 **3** 章

招聘管理：
多快好省招揽
八方人才

招聘是企业人力资源管理的重要组成部分，能否成功地招聘到所需人才，直接关系着企业用人的质量、层次和结构好坏。选才不当，不符合企业需求与计划，不但不会为企业增加人才储备，反而还会造成企业的损失。

3.1 分析需求：了解各部门的用人需求

分析需求是招聘工作的第一步，但常常被忽略，有的企业将招聘看作是简单的找人，想当然地认为缺什么人就找什么样的人。事实上并不是这样，招聘需要建立在需求分析的基础上，需要了解企业的用人情况等。

案例3-1

微软是享誉全球的IT企业，业务遍及全球，这与他们有一套"着眼于全局和长远目标"的用人制度有关，并始终贯穿于每年的人才招聘中。众所周知，软件产业更新换代很快，6～18个月就更换一批，岗位责任和职位变动也很快。

鉴于此，微软并不会把招聘限制在某个职位或部门上，而是会把眼光放得更长远，着眼于整个企业的利益，确保招聘到的人才能够适合多个职位。

比如，在发展初期，微软处于风险颇高的阶段，甄选的原则是，具有高度冒险性格而又变通能力强的人。逐渐强大后，选人标准随之改变，要求所招人员必须先认同企业的文化、价值观，了解企业的运营目标和努力方向，不仅达到眼前目标，更要对企业更长远的目标有所认识。正如驻澳大利亚微软人力资源发展经理罗宾·皮特斯所说："微软的本质决定了它需要能自如地适应以满足顾客需求为己任的组织架构的员工队伍。要做到这一点，就要聘用最适合微软整个组织的理想人选，而不仅是考虑让他们担负的具体职位。"

除此之外，微软还有一些经典的用人理念。比如，微软提出的"成功六要素"：个人专长、绩效、顾客反馈、团队协作、长远目标及对产品和技术的挚爱等，并运用在招聘上，要求所录用的人必须具备以上六项基本素质。

在招聘之前，一定要结合企业的整体利益，全面考虑企业的文化、理念、价值观，与实际需求，制订出符合企业发展需求的招聘计划，这也是企业能够吸引人才不可缺少的一个方面。根据一项调查显示，约有20%的应聘者认为，他们放弃应聘的重要原因是招聘企业的职位需求不明确、不具体、难操作。由此可见，缺乏明确的需求分析是造成招聘低效的重要原因。

在分析招聘需求时需要严格按照步骤进行。招聘需求分析步骤如图3-1所示。

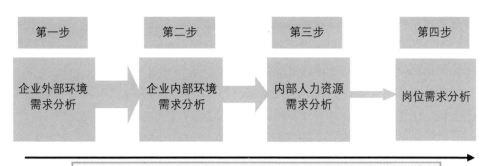

图3-1 招聘需求分析步骤

（1）企业外部环境需求分析

企业外部环境是企业吸引人才的重要条件。比如，企业处于高等院校比较集中的中心地带，专业人才相对来说比较多，则招聘起来选择的余地就比较大。企业所处的外部环境包括本企业和本行业的市场需求、市场预期、市场竞争结构、劳动力市场供求关系，以及竞争对手的人员数量、招聘渠道、薪酬待遇情况等。对企业外部环境有了进一步的了解之后，才能对招聘人才有明确的定位，从而减少盲目性、片面性。

（2）企业内部环境需求分析

企业内部环境是企业吸引人才的核心，包括企业的用人目标、用人战略思想以及企业文化等。尤其是企业文化，对人才的吸引力是非常大的，现代人才更愿意寻找一个能充分施展自己能力的平台。如果企业有积极向上、团结奋斗的文化，充满新的理念和思想，就能为员工塑造良好的工作氛围，吸引更多创新型人才。

（3）内部人力资源需求分析

人力资源管理部门是企业中非常重要的部门，在员工招聘方面承担着主要的责任。在招聘之前，人力资源管理部门必须按照企业现阶段的发展目标、职位需求、现有工作量、预增工作量、员工工时、平均绩效等因素确定人员数量，对需求进行科学而准确的评估，然后根据这些需求制订招聘政策。

（4）岗位需求分析

岗位需求包括该岗位具体是做什么的、需要何种人才等，招聘一定要针对岗位需求寻找相匹配的人才。尤其是人员流动频繁而经常出现空缺的岗位，因为有前例在，人力资源管理者在招聘时要更加谨慎。这个环节的关键是要根据岗位本身的需求对人力配置进行相应调整，否则，很可能会使人对岗位的主要工作出现理解偏差，结果错过合适的人选。

由此可见，人力资源管理者在组织招聘时必须根据实际需求做出科学的需求分析，仅凭招聘申请单上列明的岗位职责信息，是很难让应聘者信服的。然而，进行需求分析绝不仅仅是人力资源管理部门自己的事。说到底，要想招聘到适合企业发展需要的人才，最终还需要人力资源管理部门、用人部门以及其他相关部门的紧密配合。

3.2　制订方案：有备无患提高招聘成功率

招聘方案是人力资源部根据用人部门的增员申请，结合企业人力资源规划和职务描述书，明确招聘目的、原则、需求及其具体用人情况等，从而制订出具体的招聘计划。鉴于此，为提高招聘的成功率，需要制订详尽的招聘方案。

方案不周全，往往会成为招聘失败的主要原因，来看一个企业招聘的失败案例。

案例3-2

Sony在招聘工作中曾有一段不愉快的经历。据说Sony的面试"迷惑性"很强，有时候简单得令应聘者不知所措，不明就里的人常常因表面现象而放弃。

一次，人力资源部经理因公关部经理一职空缺决定亲自面试，应聘者苦苦等候了一个多小时仍不见面试官出来。最后，每个人的面试时间却不足10分钟，而且同时邀请五六个人一起面谈，很多应聘者感慨几乎没有"表现自己"的机会。

Sony将这种面试方式称为"排排坐"，本是想激发应聘者的好胜之心。比如，由于时间较短，每当轮到自己发言时，谁也不会轻易放弃机会，而是竭尽所能地表现自己。但这种面试方式会令应聘者不快，负面作用大于正面作用。

由此可见，招聘必须有详细而合理的方案。方案的制订需要考虑多个因素，常常需要考虑的因素有如图3-2所示的四个。

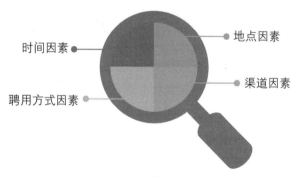

图3-2　招聘方案影响因素

（1）时间因素

合理的招聘方案要确定恰当的招聘时间。比如，某企业要招聘30名推销员。根据预测，征集个人简历的时间大概需要10天，通知、分发邀请信需要4天，面谈工作需7天，录用需4天。这样算下来，完成整个招聘至少需要25天，如果再有其他突发事件会拖延更长。招聘启事应该提前1个月发出，否则将可能影响到整个方案的实施。

（2）地点因素

选择招聘地点是影响招聘效果的直接因素，因为人才呈现出随市场的形势而聚集的特征。比如，IT企业是技术密集型企业，在高校比较集中的地点招聘，就要比在体力劳动者居多的厂区招聘更有利。这就是地区差异对企业招聘的影响，作为企业应充分考虑到各个地方的人才潜力，根据劳动力市场状况等因素做出决定。

（3）渠道因素

招聘的渠道有很多，如校园招聘，参加专场招聘会；主动招聘，或被动等人上门等。

对于企业来说，应该使用哪种渠道来招聘，除了要考虑供求双方的情况，更重要的是还要考虑成本。为了节省开支和时间，企业可以通过多种渠道同时进行，合理分配。比如，办事员和生产工人等体力劳动者就可以通过劳动力市场或劳务输出机构进行招聘，技术人员和中层管理人员则可通过校园招聘，而中高层管理者则可以通过猎头或者专业人才市场进行招聘。

（4）聘用方式因素

随着聘任制在企业中的广泛运用，员工的聘用方式也越来越多元化。不同的聘用方式，其稳定性、职称评定、收入、社会福利等也都有所差异，在开展应聘时应选择合适的方式。

常见的聘用方式有三类：正式编制、合同制以及未签订合同的临时聘用制。其中，正式编制在事业单位中使用较多。而随着劳动力市场的不断开放，民办企业的不断增加，很多企业开始倾向于合同制和临时聘用制。

做好以上四个方面工作，可以保证招聘方案得到落实。但值得注意的是，这些需要建立在对市场和招聘人员正确预判的基础上，一旦出现错位和误判，后续工作做得再好也都将失去意义。所以，在制订招聘方案前需要做大量调查工作，从企业内外部全面了解，然后再做进一步分析。

如表3-1所示是一份完整的招聘方案模板。

表3-1　年度招聘计划方案模板

年度招聘计划方案
一、招聘目的
为满足企业发展对人才的需求，解决企业规模不断扩大对人才的迫切需求，与人力资源市场中的优秀人才供给不足的供需矛盾，以2022年度企业经营计划为依据，结合公司的实际情况，为公司提供人力资源的支持，特制订本年度招聘计划。
二、招聘的原则
公司人才甄选以岗适其人、人适其岗、人岗匹配为宗旨；甄选过程以公平、公正、公开为原则；甄选内容从品德、知识结构、思维逻辑、专业技能、经验、综合素能等方面进行全面审核，以确保为公司推荐合适的人才。
三、招聘计划需求
以公司2022年度经营计划为依据，参照公司2022年人员编制，由公司人力资源部对人员需求进行统计、分析及汇总。
四、2022年度招聘需求
根据公司各部门上报数据，编制公司2022年招聘计划，详见下表（表略）。
五、招聘策略
略。
六、招聘方式
略。

年度招聘计划方案
七、招聘经费预算

略。

八、招聘效果分析

略。

九、招聘其他事项

略。

3.3 优化流程：保证招聘工作高效实施

招聘是企业引进人才的重要途径之一，在制订详尽的招聘方案后，就进入了具体的实施环节。为了保证有效实施，人力资源管理部门、用人部门以及其他辅助部门必须按照规定的流程进行。

案例3-3

M公司是一家集研发、生产和销售于一体的高科技企业，成立3年多来，发展很快，规模不断扩大。因此，人员扩充也很快，招聘也就成了人力资源管理部门的一项主要工作。但是，该企业缺乏一套规范的用人制度和招聘程序，没有科学的人力资源预测和规划，没有规范的工作分析和职务说明书。所以，招聘到的人员一直不尽如人意。

比如，用人部门常常是临时提出用人要求，对上岗的新人又缺少有效的考评，从而导致面试的主观性和随意性很大。很多员工到岗后才发现，自己所在的岗位与招聘时得到的描述相差甚远。

这些问题直接导致该企业很难招到合适的人，同时也增加了招聘成本。

从上述案例中可以看出，员工招聘并不是简单的事情，而是建立在企业需求、现状分析的基础上，同时还需要针对不同的招聘人群，严格按照流程进行。因此，制订科学的招聘流程，不仅能够找到合适的人才，还有助于提高招聘效率、节约招聘成本。

招聘流程是一条完整的链条，包括多个方面，具体如图3-3所示。

多个环节共同组成了一个完整的链条，环环相扣，缺一不可。某个环节的工作一旦做得不到位，便会影响整个流程，甚至全盘皆输。因此，人力资源管理者在整个招聘流程中必须保持高度的责任心，具体做好以下五个方面的工作。

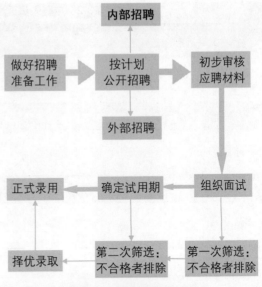

图3-3　招聘流程示意图

（1）做好准备工作

用人部门根据岗位需求提出申请，以书面形式整理成需求分析报告，由部门经理填写"员工招聘录用申请表"，转交给人力资源管理部门。然后，人力资源管理部门根据分析报告拟订招聘计划。

（2）按计划公开招聘

人力资源部门拟订好招聘计划之后，通过线上或线下招聘会等向社会公开招聘。公开招聘中应该透露招聘信息。这些信息包括以下六个方面。

①本企业基本情况。

②招聘岗位。

③应聘人员基本条件。

④报名方式、时间、地点。

⑤报名所需证件、材料。

⑥其他注意事项。

（3）初步审核应聘材料

招聘信息发布后，接下来就是对收到的应聘人员的资料进行整理、分类，然后交给用人部门审核。用人部门经理进行初步筛选，确定面试人选，发放"应聘人员面试通知单"，模板如表3-2所示。

表3-2　应聘人员面试通知单

应聘人员面试通知单

_____先生/女士：

您好！

欢迎您应聘本公司。为了彼此进一步了解，请您于20××年×月×日×点整参与面试。

届时请您携带身份证、学历证等相关证件，一经录用待遇从优。

面试地点：××公司二号楼三楼会议室

乘车路线：乘坐地铁三号线前往××站三号口，出站后往南300米即到！

如您时间上不方便，请事先以电话形式与公司人力资源部联系，联系电话：×××

××××有限公司

人力资源部

20××年×月×日

（4）组织面试

进入面试环节，用人部门将应聘人员资料及"面试通知"再次送交人力资源管理部门，人力资源管理部门即通知面试人员，不合格应聘者的资料将会归档。同时，应聘人员带本人简历及各种证件复印件来公司填写"应聘人员登记表"，模板如表3-3所示。

表3-3　应聘人员登记表

姓名		出生日期		性别		民族	
政治面貌		婚姻状态		学历		职称	
身份证号				家庭成员			
家庭住址							
工作地址							
电话		之前从事的职业		□广告媒体 □服务业 □销售业务 □其他			
意向岗位				理想薪资			
学历							
学校名称		时间		荣誉证书			

① 初试。由用人部门主管、经理或者用人部门委托人组成的面试团对应聘者进行初试。在此期间，人力资源管理部门主要做一些面试场所的布置、面试资料的整理以及负责引导应聘人员等辅助性工作。面试结束后，面试官将"面试人员综合能力测评表"及应聘人员资料交至人力资源管理部门。"面试人员综合能力测评表"模板如表3-4所示。

表3-4　面试人员综合能力测评表模板

面试人员综合能力测评表					
应聘者姓名：			应聘职位：		
序号	测评内容	测评结果（请在相应的方框处打"√"）			
		优秀	良好	一般	尚可	较差
1	仪容仪表是否大方得体？	√				
2	语言是否清晰流畅？			√		
3	思维是否具有逻辑性？		√			
4	是否具有创新能力？				√	
5	对工作是否热情，有事业心？		√			
6	是否具有随机应变的能力？	√				
7	教育经历是否符合岗位要求？					√
8	专业技能是否能胜任岗位需求？			√		
9	要求待遇是否符合公司现状？				√	
10	是否能够认同公司的企业文化？		√			
11	是否具有一定的外语能力？		√			
12	对自身是否有确定的职业规划？			√		
13	能否适应快节奏的工作环境？					√
14	能否接受加班或出差？		√			
15	综合能力是否符合岗位需求？	√				
综合评价及录用建议					
面试人：			面试日期：		

② 复试。通过初试的人员是否需要参加复试，由主管经理决定。一般情况下，非主管经理主持的初试，通过初试的面试者都应参加复试。复试原则上由主管经理主持，一般不得委托他人。复试的程序与初试的程序相同。

（5）确定试用期

人力资源管理部门对应聘人员资料进行整理、分类，定期交给各主管经理。主管经理根据资料对应聘人员进行初步筛选，确定试用人选，填写"试用通知单"。主管经理将应聘人员资料及"试用通知单"送交人力资源管理部门，由人力资源管理部门通知面试合格人员进入试用期，并对其在试用期的表现进行跟踪评估。

（6）正式录用

正式录用是招聘活动的最后一个环节，也是验证招聘成果的主要评判标准。试用期合格后，人力资源管理者要组织相关人员为待录用员工办理入职手续，填写转正申请表等材料，同时协助员工做好入职的其他事宜。试用员工转正评定表模板如表3-5所示。

表3-5 试用员工转正评定表模板

部门：		职位：		
姓名：	性别：	年龄：	学历：	
试用期限：自　　年　　月　　日　至　　　年　　月　　日				
试 用 期 考 核 内 容	试用期工作内容及要求	完成情况		
	工作能力： 1. 精通职务内容，具备处理事务的能力　☑优良　□较好　□一般　□较差 2. 掌握职务上的要点　☑优良　□较好　□一般　□较差 3. 善于安排工作的步骤、准备工作　☑优良　□较好　□一般　□较差 4. 在既定的时间内完成工作　☑优良　□较好　□一般　□较差			

人力资源管理实操：
人才管理+绩效考核+薪酬激励+数字化管理

续表

部门：	职位：

<table>
<tr><td rowspan="20">试用期考核内容</td><td colspan="2">业务熟练程度：</td></tr>
<tr><td>1. 能否掌握工作的前提，并有效地进行</td><td>☑优良 □较好 □一般 □较差</td></tr>
<tr><td>2. 能否正确运用专业知识</td><td>□优良 ☑较好 □一般 □较差</td></tr>
<tr><td>3. 是否勤于整理、总结工作</td><td>☑优良 □较好 □一般 □较差</td></tr>
<tr><td>4. 能否熟知工作流程</td><td>☑优良 □较好 □一般 □较差</td></tr>
<tr><td colspan="2">工作态度：</td></tr>
<tr><td>1. 出勤情况，有无迟到、早退、旷工</td><td>迟到__次、早退__次、请假__次、旷工__天</td></tr>
<tr><td>2. 工作态度认真、不偷懒、不倦怠</td><td>☑优良 □较好 □一般 □较差</td></tr>
<tr><td>3. 做事敏捷、效率高</td><td>☑优良 □较好 □一般 □较差</td></tr>
<tr><td>4. 遵守上级的指示</td><td>☑优良 □较好 □一般 □较差</td></tr>
<tr><td colspan="2">责任感：</td></tr>
<tr><td>1. 是否有责任感，确实完成交付的工作</td><td>☑优良 □较好 □一般 □较差</td></tr>
<tr><td>2. 努力用心地处理事情，避免过错的发生</td><td>☑优良 □较好 □一般 □较差</td></tr>
<tr><td>3. 能否勇于面对工作上的难题</td><td>☑优良 □较好 □一般 □较差</td></tr>
<tr><td>4. 预测过失的可能性，并做出预防的对策</td><td>□优良 ☑较好 □一般 □较差</td></tr>
<tr><td colspan="2">协调性：</td></tr>
<tr><td>1. 是否做事冷静，不感情用事</td><td>☑优良 □较好 □一般 □较差</td></tr>
<tr><td>2. 能否与别人配合，和睦地工作</td><td>☑优良 □较好 □一般 □较差</td></tr>
<tr><td>3. 是否重视与其他部门的人协调</td><td>☑优良 □较好 □一般 □较差</td></tr>
<tr><td>4. 是否在工作上乐于助人</td><td>☑优良 □较好 □一般 □较差</td></tr>
</table>

填表人签名：	填表日期： 年 月 日

部门主管意见：
☑试用合格，建议转正（转正时间： 年 月 日）
□延长试用（建议终止时间： 年 月 日）
□终止试用（建议终止时间： 年 月 日）

签字： 日期：

人事行政部意见：
☑按期转正 □延长试用 □终止试用

签字： 日期：

经理批示：
☑同意 □延期 □不同意

签字： 日期：

3.4 网络招聘：企业广揽人才的常用途径

我们处在一个高度发达的互联网时代，网络技术在企业招聘中的应用也越来越普遍。无论网络招聘行业整个市场规模，还是招聘平台月活用户规模都呈上涨趋势。2021年市场规模440余亿元，较2020年增加88.5亿元；招聘平台月活用户规模5000余万，较上年同期增加400万。

从网络招聘行业市场竞争格局来看，前程无忧、BOSS直聘、智联招聘及猎聘综合竞争力位居第一梯队，其中，BOSS直聘增长强劲。

截至2021年5月在互联网招聘平台中，智联招聘月活用户为1021.5万，暂居榜首；前程无忧、BOSS直聘及猎聘排名紧随其后，月活用户分别是835.9万、762.9万、540.1万；其次赶集找工作、拉勾招聘月活用户均在300万以上。

网络招聘行业市场规模及平台月增用户数量的持续增长，充分说明网络招聘行业增长红利仍在释放中。网络招聘又称电子招聘，是指通过对网络技术的运用，或公司网站、第三方招聘平台等网络渠道，为企业相关岗位寻找匹配人才，完成招聘的过程。与传统招聘方式相比，网络招聘具有多种优势，如图3-4所示。

招聘范围广　　　　　　招聘成本低　　　　　　针对性强　　　　　　效率高

图3-4　网络招聘的四大优势

（1）招聘范围广

互联网最大的优势就是覆盖范围广，实现了万事万物的互联互通。这是以往任何媒介都无法比拟的，网络招聘依托互联网，可以收到传统招聘方式无法获得的效果。

（2）成本低

网络招聘在节省成本方面具有很大的优势。随着企业人力资源成本不断攀升，如何节省招聘成本也成为一项重要议题。而大力发展网络招聘对于降低企业招聘成本、促进企业吸收人才具有重大意义。

（3）针对性强

网络招聘是一个跨时空的互动过程，对供求双方而言都是主动行为。这种积极的互动，减少了企业和求职者双方的盲目行为。

（4）效率高

通过互联网，企业和求职者双方都可以线上交流，而且不受时间、地域的限制，方便了双方的多重选择，可以实现信息的快捷传递与更新。

网络招聘帮助企业摆脱了传统招聘方式效率低下，时效性差，地域限制，费用高昂等劣势。这对于企业方而言是利好，相信，网络招聘在未来势必会成为企业招聘人才的最主要手段。

那么，企业如何做好网络招聘呢？可以从如图3-5所示的四个方面入手。

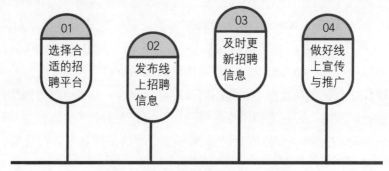

图3-5　企业做好网络招聘的四个方面

（1）选择合适的招聘平台

为企业提供网络招聘服务的平台特别多，而且每个平台都有自身的特点，有些是面向全国的、有些面向某一个区域，有些针对蓝领工人，有些针对职场精英，因此，在选择平台前，一定要选择与自己需求对口的平台合作。

需要注意的是，在选择合作平台时选择2～3家就可以。原因在于，一方面企业在招聘上投入的资源往往是有限的，除大型集团外，一般的企业不会有太多预算；另一方面，一定时期，一定区域内寻找工作的潜在求职者数量也是有限的，一般的求职者也不会选择太多的招聘平台投递简历。而且由于品牌影响力和当地求职者的习惯，通常仅限于少数几家活跃度较高的平台。

（2）发布线上招聘信息

发布的线上招聘信息要力求具体，同时能够充分展示自身的实力和优势。从企业发展历史、现有规模、主要业务、产品信息、客户信誉、合作伙伴、公司未来发展前景等方面进行深入细致的总结归纳。对于初创型企业，企业的简介可能会比较简单，那么就要重点展示一下企业的发展规划战略，通过问题、图片、视频等多种形式充分展示。

在这里有一点需要注意，即发布的职位信息要简洁，不宜过多，职位描述要根据自身岗位的性质，确定职位名称、数量，客观地描述岗位任职要求、薪酬福利待遇、晋升发展通道、面试乘车路线、企业联系方式等。

（3）及时更新招聘信息

招聘网站大都有刷新功能，刷新一次，招聘信息将会排在前面的位置，因此，及时更新招聘信息，至少做到每天刷新一次很重要，使招聘信息处于同类招聘信息前列。经研究发现，求职者一次投递的职位数在30个以内，能够查看的相关岗位招聘信息在100条之内，因此，在做网络招聘的时候，一定要确保招聘信息能够被潜在求职者查到，只有做到这一点，我们才能确保网络招聘的效果。

另外，要及时查看简历，根据岗位说明书的任职资格筛选简历，并回复求职者的提问和质疑，及时给求职者做相关反馈。通常情况，求职者投递简历一般都会超过5个，也就是说，当求职者投递完简历的时候，首先得到反馈的企业更容易赢得求职者的面试。

（4）做好线上宣传与推广

求职者通过互联网找工作，也通过互联网来了解企业的具体情况。因此，企业在网络上面拥有一个正面惜才的形象很重要。有部分中小企业在这方面很不重视，通过搜索引擎查询，与企业相关的信息很少，甚至有很多负面信息。如果负面信息过多，那么在做网络招聘的过程中，肯定达不到预期的效果。

有类似情况的企业，可以通过网络多上传自己企业的信息，当求职者搜索时展现在求职者面前的是很多不同的信息，能够给求职者留下很好的印象。

因此，人力资源工作一定要做好互联网宣传工作，关于素材的准备，如果自己不擅长，可以借助各部门、客户的力量，力争做到全面、专业。

3.5　社交招聘：边玩边聊巧聘新生代员工

社交招聘是网络招聘进一步发展的结果，符合未来的招聘行业的发展趋势。未来的招聘行业正在呈现移动化、社交化、垂直化三大趋势，而社交招聘正在逐渐成为互联网时代招聘新的主流，备受新生代员工的青睐。

其实，社交招聘并不是一个新鲜事物，它已经历了三个发展阶段，具体如图3-6所示。

图3-6　社交招聘的三个发展阶段

（1）职场社交招聘

第一个阶段是领英掀起的职场社交。职场社交是在职场人士朋友圈的基础上，利用职场中的人脉和关系网进行招聘。这种形式的优势是命中率高，针对性强，成功率高。劣势是由于国内职场环境，使得职场社交在国内不是很发达，因此职场人脉圈很难扩大。

案例3-4

职场社交招聘以领英模式最为典型，领英（LinkedIn）是全球知名招聘平台，8亿会员，覆盖全球200多个国家和地区，这个平台不同于传统的网络招聘平台，旨在为求职者和招聘者提供专业的服务。为企业客户解决两方面的问题：人才解决方案，营销解决方案。

领英2014年进入中国，并积极地融入中国特色，领英和微信联手推出了领英名片，使得领英迅速在中国打响了知名度。

领英名片，是专门为中国用户量身打造的微信电子名片，让大家在社交应用中更便捷地拓展人脉，分享职业身份信息。拿起手机，简单几步，立刻拥有你的领英名片。

领英名片有三大核心功能：

查看，快速了解个人职业身份，浏览完整LinkedIn个人档案。

分享，直接发送给朋友或到朋友圈，建立更多潜在人脉。

收藏，随时获得重要联系人最新的职业信息。

领英的成功在于它的定位。领英将自身定位为职场社交平台，而非单纯的招聘网站，成功地抓住了大部分人的求职心理。只有10%～20%的人对当前的工作现状不是很满意，而80%～90%的人并不是很想换工作，但是只要有更好的工作机会，他们一定更愿意去尝试。大部分的招聘网站都是在解决10%～20%的市场需求，但是领英通过建立一个职场的社交媒介，却无形之中能够服务几乎所有职业人士的求职需求。

其实，领英作为一个社交平台，很多用户能够通过领英建立属于自己的职场社交圈，并借助其拓展自己的人脉，为未来事业的发展打下基础，这种社交方式毫无疑问地增强了平台的用户黏性。尤其是中国市场，中国是一个讲究人情关系的国度，职场社交对于人生事业的发展就显得更为重要了。

（2）移动职场社交招聘

移动职场社交招聘，是随着移动互联网的兴起延伸出来的一种社交平台，代表着职场社交由PC端逐步向移动端转移。其中以脉脉最为典型，脉脉抓住了移动职场社交的新机会，迅速成为移动职场社交的新贵。

案例3-5

脉脉2013年上线，紧抓国人追求人脉的特性，成功地运用了私密社交与熟人社交。脉脉既有实名动态也有匿名八卦，通过脉脉，既可以与熟人聊聊行业的发展、对工作的规划；同时通过匿名八卦，也可以吐槽工作上的烦恼、行业八卦新闻等，私密性也完全由用户自己掌控。脉脉的这种方式满足了人的两种不同社交需求。

脉脉的定位以中高端商务人士为主，这个定位也是比较成功的。从交际的角度来看，中高端人士有着更强烈的职场社交需求，他们希望可以借助更宽阔的人脉来扩大自己的事业；而从求职的角度来看，中高端人才市场正在成为网络招聘角逐的重点市场，这类人才往往更愿意让企业主动找上门来，而移动职场社交则很好地搭建了企业与他们的桥梁。

（3）场景化社交招聘

脉脉开启了招聘社交时代，职场社交正在成为一种新型的社交方式，特别符合新生代员工边玩边聊的社交需求。

从整个网络招聘的角度看，脉脉更多还是在于社交，招聘只是社交的一种补充方式，是基于人脉社交来做招聘的，并没有真正与招聘结合起来，满足企业招聘人才的刚性需求。而以智联卓聘为首的垂直平台，基于招聘本身推出的"卓聘聊聊"，通过把社交属性融入网络招聘中，开启了一种新的网络招聘时代。

如果说LinkedIn、脉脉是基于社交做招聘，那么，卓聘聊聊则是基于招聘做职场社交，让求职者与面试者可以实现点对点沟通。卓聘聊聊是基于招聘做职场社交，是对早期社交招聘形式的一种创新。

以往的社交招聘最大的痛点是，企业与求职者无法现场及时地沟通交流，仅凭一份被动社交是很难完全判断一个人的。而卓聘聊聊刻意让企业与求职者在线完成点对点的沟通，建立了初步的彼此信任，让企业对求职者有了初步的了解，大大节约了企业的招人成本，也提高了企业招人的精准度。

此外，线上的沟通交流也会让求职者对于企业有一个更深入的认识，对招聘企业本身的品牌而言是一个很好的宣传。因为，求职者在过去的网络招聘中，只能将简历投入企业的邮箱中，而这却有如大海捞针。卓聘聊聊这个线上工具刻意让求职者第一时间知道自己是否适合该公司，包括公司未来的发展方向，公司的创始人如何等。

同时，省了来回跑去赶场面试所浪费的大量路途时间，而面试的反馈也变得更加快速，求职者能够第一时间知道自己是否获取复试资格。

3.6　直播带岗：直播间面试成招聘新渠道

直播不止能带货，还能"带岗"，直播带岗是一种新兴的招聘模式，充分借助网络的巨大影响力和关注量，切实提升招聘的广度和精度，为企业招揽更多优秀人才，为求职者提供更多优质岗位。

案例3-6

2022年刚进入3月，江苏南京江宁区就进行了一场特殊的招聘会：直播带岗招聘会，中兴通讯、格力电器等8家企业招聘走进直播间。在近两个小时的直播时间里，Live江宁、龙虎网、江宁发布、江宁人社等平台累计浏览量达16.9万人次，评论互动和留言2200余条，283人线上提交了求职意向。直播现场如图3-7所示。

图3-7　2022年江宁区
首场直播带岗招聘会

案例3-7

2022年3月10日，马鞍山市多个部门联合十余家企业举办了一场直播带岗招聘会。采取微信"线上直播"形式举行，实现求职者在线互动交流，让求职者通过弹幕刷屏这一更加直观的形式，了解企业发展情况以及岗位设置、薪酬待遇等信息。

直播活动中，各企业招聘代表求贤若渴，纷纷向观看直播的求职者伸出"橄榄枝"，通过云上连线的方式回答求职者的提问。

"我们是上市公司""公司为员工购买五险一金，外地员工包吃住""你有才华能力，我们提供舞台"……

许多求职者在直播间对岗位的任职要求、薪资待遇等相关情况进行详细咨询，工作人员对求职者关心的问题一一解答，认真对接用人单位与求职者双方的需求，最大限度地满足求职者多元化的择业意向。

一开播就吸引了众多求职者观看和关注，短短2个小时的招聘会，共有6.15万人次观看直播、参与互动，点赞量达1.24万个。

直播带岗是"互联网＋"思维在企业招聘职工中的运用，尽管规模普遍小，但效果非常好。对企业和求职者都是有利的，为企业和求职者的沟通交流搭建了线上"云端桥梁"。

通过将企业、岗位搬上"云端"，打破线下招聘活动的地域和时间限制，大大拓宽了招聘渠道，架起实时交流平台，助力企业网揽英才；对求职者而言，也让他们足不出户就能找到适合自己的岗位，实现稳定就业，真正实现招聘活动从"面对面"到"屏对屏"的转型。

3.7　校园招聘：企业储备人才的最佳途径

对企业而言，校园招聘是一出"重头戏"，毕竟校园被誉为是"人才摇篮"，企业中所需要的人才大都出自高校。直接从学校挖掘和培养的人才的好处就是可塑性强，对公司忠诚度更高，愿意全力以赴地办事，不怕风险。

因此，校园招聘已成为许多企业十分重视的渠道之一。

案例3-8

华为有一个"天才计划"，每年从各大高校招聘一些精英人才，据说被聘上的人年薪可高达200万元。以华中科技大学为例，多年来华为都热衷于向这所学校发起招聘邀请，每年都会招聘多位应届毕业生入职，据统计，在华为任职的华中学子已经突破了6000人。

另外，华为在世界范围内投资合作了300多个高等学府，900多家科研机构与企业，累计拿出了18亿美元用于各类科研项目的实施。

华为高薪招聘校园人才为国内外的优质人才得到迅速提升创造渠道，越来越多的知名高校应届毕业生将取得这一资格，他们经过层层筛选和考核，最后选出来的一定是最优秀的那一个。

华为缘何要投入如此巨大的成本给校园人才呢？主要原因就是以任正非为首的公司高层对人才的重视。而且，校园学生军往往就是企业大规模储备高素质人才的一个重要途径。

大学生作为高质量人才主力军，无疑是企业请来的对象，很多企业也意识到这一点。但校园招聘是一项外松内紧的工程，开展一场校园招聘活动很容易，难的是如何把高质量的大学生引进来，留得住，这才是企业需要重点考虑的。

要想达到以上的效果，招聘的每一个环节都不能忽视。有时，一个小环节没有处理好就会直接影响到整个校园招聘的成败，甚至会影响到企业在高校中的印象。接下来就重点阐述一下校园招聘的流程，如图3-8所示。

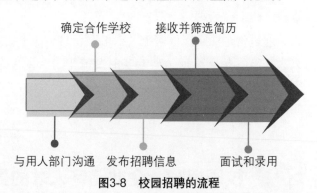

图3-8 校园招聘的流程

（1）与用人部门沟通

与用人部门沟通首先需要确定用人需求，了解岗位增编或人员增编情况、岗位职责和任职资格等。并根据用人部门管理人员提交的需求表编制人才储备需求计划，协助用人部门做好人才需求。

其次，要确定薪酬、待遇、福利等。人力资源管理部门提前解决待招员工待遇问题，明确薪酬福利情况，扣除金额、应发工资、实发工资。对于落户、档案转移等情况应向当地分管机构咨询清楚。

（2）确定合作学校

在学校的选择上，大型企业或外企通常情况下会长期与某几个院校达成合作意向，进行战略性的合作。这种方式显然不适合中小企业，那么中小企业应该如何做呢？这里重点讲一下。

为了提高所招人员质量，节省更多的招聘时间，正式招聘前需要事先确定学校。企业要结合专业需求和市场情况，确定在哪些大学或者重点在哪些院校招聘。这通常需要人力资源管理者提前与校方取得联系，并取得对方的支持。

企业在选择学校时通常要注意两点。一是知名度，某个领域、某个专业的知名度至少处于中上游水平；二是参考往届数据，如学校的产出率、对公司贡献度等。

（3）发布招聘信息

宣讲会是企业对校园招聘的重要途径，很多企业在去某高校招聘前都会认真筹备一场，甚至准备多场宣讲会，宣传企业经营理念、企业文化等。

案例3-9

宝洁公司有完善的选聘制度，校园招聘是宝洁公司选择人才的重要途径。每到大学生毕业时，宝洁公司都会走进校园。招聘程序第一件事就是校领导宣讲，播放招聘专题片，宝洁公司招聘负责人详细介绍公司情况，招聘负责人答学生问，发放宝洁招聘介绍会材料。另外，还有一个与众不同的做法，那就是用人部门必须配合人力资源部亲自去招聘现场，而且必须是具有决策权的人。

大多数公司只是指派人力部去招聘，但宝洁公司是用人部门亲自来选人。用人部门参与到挑选应聘者的过程中去，避免了"不用人的选人，用人的选不上"的怪圈。曾经有一位宝洁公司员工这样形容宝洁的校园招聘："由于宝洁的招聘实在做得太好，即便在求职这个对学生比较困难的关口，自己第一次感觉被人当作人来看。应该说，就是在这种感觉的驱使下，我带着理想主义来到了宝洁。"

可见宣讲很重要，但是宣讲会不能随意召开，为了取得更好的宣传效果，通常需要注意以下三个方面。

① 确定宣讲人员。选择宣讲会的人选非常重要，级别不能太低。因为对大部分学生而言，只有企业的头面人物才会让他们感到被重视。一般来讲，部

门经理级以上管理人员，或者与该校有直接或间接关系的人，比如在公司任职的前几届毕业生，这样对于促进学生建立对企业的信任，会起到较好的效果。

② 确定宣讲内容。宣讲的内容要尽量少涉及甚至不涉及工作的具体内容、薪酬标准等，要以企业的价值观、社会责任和担当为主，以将学生带进一个高度。

宣讲会一般可以分几部分内容，包括企业概况、人才规划、招聘需求、薪酬福利等。当然，这些要因人而异，不同的企业有不同的做法。宣讲人员也可以自己的经历为主线去谈感受，先介绍自己及企业状况，然后放宣传片。最好记住宣传片的播放时间，放完后再根据PPT上的内容一一向学生介绍。

③ 掌握宣讲技巧。宣讲需要的就是口才，讲究的是技巧。这也是为什么不同的人宣讲，收到的效果也不同的原因。一般来讲，宣讲要突显真诚、务实的风格。比如，插入一个学生提问环节，如果学生提问不多，可在现场搞一些互动节目，最大限度地调动学生的气氛。总之，要保持整个宣讲在轻松融洽的氛围中进行。

宣讲要突出重点，突显亮点。尤其是招聘需求与发展方向，最好具体化，多讲讲大学生的职业生涯等。如果条件允许，宣讲人员最好能与学生近距离互动。

（4）接收并筛选简历

招聘工作完成后，企业需要做好档案记录，按照用人部门对候选人的硬性指标要求对简历进行筛选。对于校园人才来讲，筛选标准主要取决于专业水平和工作经验两个方面。这是最能直接反映人才质量高低的两个指标，其具体说明如表3-6所示。

表3-6　反映人才质量高低的两个指标

专业水平	学业是否优秀是筛选的首要标准，评判学业是否优秀的主要指标为GPA。GPA是平均学分绩点，即每门课程的学分乘以绩点，加起来再除以总学分得出的分值。满分是4分，即A＝4、B＝3、C＝2、D＝1。其精确度往往达到小数点后1到2位，如3.0、3.45。通常来讲，GPA要求达到3.0以上
工作经验	是否有相关的实践经验。比如，金融性的企业招聘，会考虑应聘者是否有在投行、咨询公司的实习经验

（5）面试和录用

面试是决定学生是否被录用的最终环节。很多企业都采用"无领导小组讨论"的方式来面试，这在应聘学生数量居多的情况下有一定的优势，也较快捷。但人力资源管理者需提升自己的经验和阅历，做好伯乐，减少因主观判断产生的偏失。另外，面试可增加一些情景模拟之类的测评。

面试结束后，一般当天就要把合格人员名单整理出来，尽可能在第二天上午12点前通知拟录用人员；对于未录用人员可发短信婉拒。在通知的过程中，人力资源管理者可与拟录用人员明确签订就业协议的时间、报到时的注意事项等相关细节。

3.8　猎头公司：企业精准笼络高级人才之道

猎头在英文里叫Headhunting，在国外是一种十分流行的招聘方式，引进国内后也称为猎头，意思即"网罗高级人才"。

猎头的出现促成社会中人力资源的流动和合理配置，猎头服务已成为企业求取高级人才和高级人才流动的重要渠道。

为什么要借助猎头公司，来看一段传闻。几年前，北京的猎头界盛传，Google为"挖"某著名跨国科技企业的一位高端人才，光给猎头公司的业务费就高达1.3亿美元，创下这一行当的纪录。但是众所周知，为客户保密是猎头界的首要游戏规则。因此，这个数字的真伪，恐怕只有当事人知道了。

对于这样的传闻，可信度大小暂且不说，但足以反映一个问题：企业中那些有影响力的人事变动，猎头公司在其中的作用是不可忽略的，而这充分体现了猎头行业对招聘的影响力。

案例3-10

某IT企业欲招聘一名网上股市CEO，要求非常高，必须熟悉国内外资本市场，精通资本运营，有良好的IT行业背景，精通现代IT企业的新型管理，熟悉金融市场和金融衍生产品，精通网上股市在线交易，有相当的资金融资渠道，等等。

如此苛刻的要求，如果仅凭常规的招聘渠道是很难满足的。不能说绝对找不到合适的人选，但绝对会大大延长时间。于是，该公司联系了南方的一家猎头公司。猎头公司进行了大量的工作，一边通过自己的寻访网络进行寻访，一边与企业保持沟通，对一些可能影响较小的条件进行弱化。通过兼职猎手网络和信息采集员渠道，猎头公司获取部分或全部接近客户基本要求的总经理或副总经理共计94人；经过首轮电话沟通筛选，仅有36人进入面谈环节；通过富有经验的猎头顾问的甄别选出11人，并对其进行人事调查；然后优选出5人，由专家顾问做进一步甄别，最终确定了两人。

在对这两位候选人进行甄选的过程中，猎头公司也发挥了非常大的作用，尽量使双方在尽可能短的时间内取得信任和深入的了解。最后，双方取得了双赢，最终选定一位美籍华人。

借助猎头公司，多适用于中高级人才招聘。这是因为中高级人才属于求职者中的稀缺者，即使有也不会轻易出现在普通的人才市场。因此，企业在寻求高端、精英人才时最好还是借助猎头公司，一是这些猎头公司对行业有比较深入的了解，二是从人才的素质到成本都能得到保证。

那么，企业如何选择猎头公司，以及如何与其更好地展开合作呢？具体步骤如图3-9所示。

图3-9　企业与猎头合作的五个步骤

（1）多方考察

我国猎头行业起步晚，相关法律法规不健全，大大小小的猎头公司充斥行业中，良莠不齐，有些猎头公司甚至默许内部人员帮助应聘者造假。所以，人力资源管理者在决定与某个猎头公司合作前必须先考察，对猎头公司有一些详细的了解。

① 看公司硬件。一流的猎头公司都会选择比较有知名度的写字楼，如果公司办公环境很差，就算企业不介意候选人也会介意，最终将影响推荐质量。

② 看公司软件。包括相关人员的专业水平、敬业程度等。

③ 看公司信息化水平。信息化水平的高低直接关系到猎头公司数据库的质量，从而影响工作效率。

④ 看成功案例。猎头公司服务的客户类型，实际上也能反映这个公司的实力。而且，其客户的行业与自己越相近，所掌握相关人才的资料就会越多，成功的可能性也就越大。

（2）做好预算

猎头公司扮演着中间平台和服务提供商的角色，是连接企业和人才的桥梁。即通过整合市场中人才与企业的信息，猎头公司向企业提供人才服务，如双向招聘服务、双向培训服务、人才测评服务等，及为企业和应聘者双方构建高效的交流平台。

基于猎头中介式的经营模式，企业一定要注意，在选择猎头公司时不仅要看其资历，还要看收费标准等，以做好费用预算。

（3）明确目标

企业在委托猎头公司招聘前，应该有明确的招聘目标并做好招聘计划，在经营环境和发展战略没有发生重大变化前，不要轻易改变招聘计划，否则，既浪费自己的经费，透支自己的信用，又浪费猎头公司的时间。当有了详细的、可操作的招聘计划时，人力资源管理者就应根据计划与猎头公司洽谈并签订委托合同。

（4）确定人选

企业委托猎头公司招聘，就如同购买价格昂贵的机器设备一样，是一种投资大、风险也大的采购行为，需要企业领导的高度重视，并由企业内级别较高、素质较强的管理人员具体负责。高级别的管理人员可以提高猎头公司对业务的重视程度，安排经验比较丰富的顾问人员，或者将委托安排在工作计划中靠前的位置，进而保证推荐人选的质量和效率。

有些企业让基层员工和猎头公司打交道，结果由于基层员工对很多信息把握不准，事事请示，因而影响猎头公司与企业沟通的效果。

对猎头公司的评估也尽可能让企业有决策权、级别比较高的人参与。企业对猎头公司的选择直接决定了招聘活动的成败，因而不能简单看作是对一个普通供应商的选择。基层管理人员很难把握其中的尺度，不应将对猎头公司评估和选择的权力下放。

（5）签订合同

与猎头公司签订委托合同，其基本法律依据是《中华人民共和国合同法》。根据规定，委托方享有合同约定的被委托方提供服务的权利，承担支付佣金的义务；被委托方享有获得佣金的权利，承担提供服务的义务。合同的标的不是有形商品和提供工作的物化成果，而是提供专业化服务。

有些企业的经办人图省事，或不太熟悉委托招聘业务，有时将猎头公司提供的合同略加修改便签字、盖章，对合同的谈判也集中在价格和付款方式上，对服务质量保证条款则重视不够，因此给合同的执行带来风险。

合同中一般应该明确规定服务质量的相关条款。比如，保守委托方的秘密，多少年内不得挖委托方的员工，多少年不得从委托方重挖推荐成功的人才等。此外，合同中要明确规定违反相关条款的经济和法律责任，同时认真做好推荐人的背景调查工作，保证被推荐人到任后不会给委托方带来法律纠纷。这是企业对猎头公司服务的约束，也是降低招聘风险的自我保护措施。

正是由于专业性强、效率高，能够对人才进行全面调查，确保人才质量，显著提高引进人才的成功率，甚至可以挖掘那些正在被其他企业重用、没有流动意向的顶尖人才等优势，越来越多的猎头公司被当作引进高级人才的方式。

依靠猎头公司招聘人才是一种非常重要的途径，但由于猎头市场的不规范性，以及一些猎头公司的不稳定性，使得企业在利用猎头招聘时产生很多问题。

第一个问题与猎头公司现状相关。据有关方面统计，以北京为例，京城猎头公司鱼龙混杂，数目庞大，竞争非常激烈，为了谋求各自的生路，不规范的竞争手段屡见不鲜。因此，在和猎头公司打交道找人时，人力资源管理者首先要做的功课可能不是考察猎头公司推荐的人选，而是判断猎头公司的优劣。

第二个问题是法律法规问题。曾经有一个案例，生产服装的A公司产品质量好，但由于销售人员不得力，产品销路一直不好，于是有猎头向A公司总经理推荐一位D先生。其实D先生正在另一家生产服装的合资企业B公司做销售经理，而猎头公司把D先生及其客户资料、销售渠道一起挖了过来。但是，A公司和D先生同时遭到B公司的起诉，起诉理由是侵害其商业秘密，不正当竞争。

第 4 章

用人管理：
实现内部人力
资源合理配置

人力资源也是一种资源，人力资源管理的主要任务就是对企业内部的各种人力资源进行优化配置。资源配置的行为包括录用、升职、加薪、解聘、辞退等，每个环节都可能会影响到人力资源利用率。

4.1 新人录用：新人入职前的准备工作

新人在入职前的准备工作是十分重要的，然而很多企业对此却十分草率。比如，只知道某个岗位缺人，至于为什么缺人以及上一任为什么做不好，这次要注意什么等都没有深入地研究、分析。这样一来，招来优秀的顶替者也是暂时的，即使能力强也无法胜任岗位。

案例4-1

某企业无论是实力还是薪资待遇都不错，但在招聘上却非常不顺利。以行政助理这一职位为例，先后招聘了两位都以失败告终。

具体情况如下：

A，23岁，学历大学本科，就读于××大学英语专业，期间做过一年培训机构的英语教师。

人力资源经理对她的印象是：内向，有想法，不甘于做琐碎、接待人的工作，对批评（即使是善意的）非常敏感。

B，25岁，学历大专，形象气质均佳，就读于××大学电子商务专业。毕业后先后在两个单位工作过，一个为拍卖公司，另一个为电信设备公司，职务分别为商务助理和行政助理。

人力资源经理对她的印象是：形象极好，思路清晰，沟通能力强，工作经验丰富。总经理印象：商务礼仪不好，经常是小孩姿态，撒娇的样子，需要进行商务礼仪的培训。

人力资源经理对两人的印象都十分好，经过简单面试后同时录用，可结果却没预期好。

A入职1周就没来上班，也没有向公司请假，据同事说工作与自己预期不一样，觉得自己无法胜任。B工作十天后就辞职了，原因是奶奶病故，其实也是对工作的不满意。

案例中这位人力资源经理在录用员工时的方法和流程存在很大的问题，没有根据"行政助理"这个岗位的任职资格制订具体的甄选标准，只是凭直觉予以录取，这就造成了录用的不科学、不规范。也很容易受到主观意愿的影响，产生晕轮效应、自我效应和个人偏见（地域、血缘、宗教信仰等），这将大大影响判断力。

因此，录用新人应该建立在对应聘者、工作本身客观评估、详尽分析的基础上。

（1）评估应聘者

对应聘者进行评估，重点是针对应聘者的适应能力、工作能力及稳定性进行。对于企业而言，应聘者如果能在自己的岗位稳定发展，那么对企业的发展是有利的；如果没有能力，或者频繁辞职，不具备职场稳定性，那么工作节奏就会被打乱，这对于企业来说是吃力不讨好的事情。

在对应聘者进行评估时，应关注重点内容，并遵守一定的原则。

① 评估应聘者的内容如表4-1所示。

表4-1 评估应聘者的内容

评估项目	具体内容
好奇心	没有好奇心的应聘者，知识储备和成长速度一定是滞后的，甚至是停滞的。好奇心直接体现了情报收集能力和工作细致程度，也决定着视野范围
思路清晰表达条理化	思路和表达能力体现着某种程度的逻辑思维方法和总结能力，从而保证在接收到信息时会快速梳理清楚，并以条理化的形式复述出来
沉稳、灵活的沟通能力	沟通是双向的，需要灵活地根据谈话对象和谈话内容来微调风格、措辞、节奏，提升信息获取和理解效率，降低时间成本
情绪的控制能力	能否自如地控制自身情绪，能否通过言语、表情、神态调动他人的情绪，会直接影响到工作效率

② 评估应聘者的原则如表4-2所示。

表4-2 评估应聘者的原则

评估项目	具体内容
基于事实原则	不要因为喜欢应聘者某些不太重要的优点，而忽视应聘者的弱点。反之，也不要因为某些缺点而忽视了优势，而是要实事求是，对照职位要求判断应聘者是否有资格
关注行为原则	不要寻求或猜测应聘者回答的隐含意思，要关注其行为。毕竟，某些语言的精确度是无法确定的，最终靠的是通过行为去了解和辨别，如说话时的站姿、坐姿等某个细节
注重方式原则	对照其他面试人员对同一应聘者的评价，检查自己的评价。一般可以通过三个参考因素进行：检查学历证书；至少与两位过去的顾主交谈；找到证明人核实情况

（2）工作分析

在录用前，一方面需要对被录用人员进行多方面的调查、研究、分析，另一方面还需要对工作进行分析。

分析工作性质是为录用人员了解新工作打基础，是保证录用人员胜任工作的前提。工作分析是指从企业发展战略、组织结构以及业务流程出发，对组织中各工作岗位的设置目的、工作内容、工作职责、工作权限、工作关系等工作特征以及对任职者的知识技能、工作经验、能力素质等方面进行调查、分析并描述的过程。

① 工作分析结果是岗位说明书。不同的企业岗位说明书有不同的形式，一般包括岗位概述、岗位职责、岗位职权、工作关系、工作条件及任职资格等方面。岗位说明书模板如表4-3所示。

表4-3　岗位说明书模板

岗位名称	××部经理		岗位编号	
所在部门			定岗人员	××人
直接上级	总经理		职务类别	主管职类/行政职系
直接下级			职务等级	职等
所辖人数	××人		薪酬类型	■年薪制　　□月薪制
本职位在组织图中的位置				
本职工作概述（目的）				
	职责表述：销售订单评审、协调生产及销售计划			每日工时比重（％）
职责一	工作任务			
	考核指标：			
	工作联系	联系单位	1.市场部　　2.制造部　　3.供应部　　4.技术工程部	
		发生频率		

岗位名称	××部经理	岗位编号	

主要职权：

建议权		
提案权		
审查权		
核决权		
执行权		
考核权		
审计权		
监控权		
奖惩权		
申诉权		
知情权		

任职资格：

学历	学历要求	
	主修科系	
	相关科系	
经历	需担任过职位要求	
	最低任职时间要求	
专业	专业管理	
	通识管理	
训练	在职培训专业课程	
	培训时数	
个人素质（个性特质）		

工作情况描述：

续表

岗位名称	××部经理	岗位编号	
使用工具、设备			
工作特性	重要性：■较高；□中等；□一般 复杂性：■较高；□中等；□一般		
工作环境	危险性：□较高；□中等；■一般 舒适性：■有空调；□尚可；■噪声、异味		
工作时间特征	工作时段：□规律；■不规律加班；□每日；■每周；□每月； □很少；□不会		
所需记录档案			

② 确定任职标准。建立任职资格标准有一个"三段论"，其框架如图4-1所示。

第一段：申请条件。也叫门槛条件，是对员工是否可以晋升的第一次筛选；申请条件

图4-1　任职资格标准"三段论"

通常是一些可以快速判断是否符合要求的硬性条件。通过申请条件可以筛选掉一部分明显不可能晋升的人员。

第二段：评审条件。也叫晋升条件或者任职条件，是确定员工能否晋升的核心条件，也是牵引员工能力提升的核心标准。通过申请条件的员工，就需要用评审条件来决定其是否能够最终晋升，也正是这些原因，员工如果想要获得晋升就会在日常工作中刻意培养自己的这些能力。

第三段：必要条件，也叫底线条件或者红线条件，每个公司都有自己要求的必要规范，这些规范通常不会有人违反，但是一旦违反就会受到严惩，这就是必要条件，必要条件是任何情况下都必须符合的条件，即使员工已经晋升一段时间，如果违反必要条件就可能受到处罚。

4.2　合同签订：与新人签合同的3个问题

企业通常都会对新入职员工设定试用期，3个月或6个月，这本无可厚非。但是某些企业往往不与对方签订正式劳动合同，或只签一些有名无实的"试用

期合同"。这对于员工本人来讲是不公平的，从长远来讲对企业也毫无益处。

案例4-2

北京某公司雇用刘某为部门经理，双方只签订了一份《试用期协议书》，约定试用期3个月，工资6000元/月，另外每月补贴500元。试用期满后，根据表现再决定是否正式录用，签订正式合同。

3个月后，试用期满，该公司并没解聘刘某，但也没签订正式劳动合同。就这样，刘某继续留在公司。一个多月后，刘某却被解雇了，而且只是主管的口头通知。

刘某认为，公司单方面解雇自己，违背了《劳动合同法》的相关规定，应予以补偿。而公司的解释是，他在试用期内没有完成规定的工作考核，且不接受岗位调整，解聘符合法律规定，不应支付补偿金。

协商无果后，刘某向仲裁委员会申诉。两个月后，仲裁委员会做出裁决，该公司支付刘某试用期满后所有的工资，以及擅自解除劳动关系等经济补偿金。

上述案例是很多人力资源管理者会犯的错误，既不与员工签订合同，却又擅自解雇对方，结果导致自己很被动。

那么，试用期内员工该不该签订正式劳动合同呢？劳动法相关法律规定，用人单位与其新招收的劳动者，自录用之日起时间内签订劳动合同。任何一方不得以任何理由拖签、拒签劳动合同。在签订劳动合同时可以约定试用期，但不允许先试用后签订劳动合同，试用期应包括在合同期限内。

对此，相关法律是这样规定的：

《中华人民共和国劳动法》第十六条：劳动合同是劳动者与用人单位确定劳动关系、明确双方权利和义务的协议。建立劳动关系应当订立劳动合同。

《关于〈中华人民共和国劳动法〉若干条文的说明》第十六条：建立劳动关系的所有劳动者，不论是管理人员、技术人员还是原来所称的固定工，都必须订立劳动合同。"应当"在这里是"必须"的含义。

《关于贯彻执行〈中华人民共和国劳动法〉若干问题的意见》第十八条、劳动部《关于实行劳动合同制度若干问题的通知》第三条二款明确规定：用人单位与劳动者约定的试用期包括在劳动合同期限内。

可见，企业不与试用期员工签订劳动合同，严重违反了法律的规定，侵害了当事人的合法权益。试用期内,劳资双方的聘用关系虽未最终确定,但已经形成事实劳动关系,只要存在事实劳动关系即可视为劳动关系,而事实劳动关系则会受到法律保护。而且无论签订劳动合同与否,都会视为事实劳动关系。

显然,试用期内不签劳动合同或只签试用期合同的做法只会适得其反,企业本来是想防止被"套牢",实际上恰好被"套牢"。企业在与新入职员工签订合同时要注意如图4-2所示的三点。

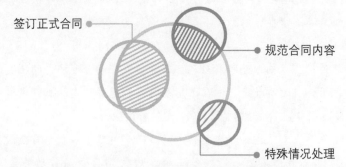

图4-2　企业与新入职员工签订合同时注意事项

(1)签订正式合同

试用期应该包含在劳动合同期之内。也就是说,劳动合同可以约定试用的期限、试用要求以及试用期不合格处理办法等,但必须视为事实劳动合同。

与试用期员工签订正式劳动合同将会面临很多问题,这些问题不仅需要员工清楚,企业作为责任主体之一,更要彻底弄明白、搞清楚。稍有操作不当,就可能违反相关规定,给企业带来损失。

一般来讲,有如表4-4所列的六个问题需要彻底解决。

表4-4　签订试用期合同常遇到的六个问题

序号	问题	具体内容
1	试用期合同范围	以完成某一项工作任务为期限的劳动合同,或者劳动合同期限不满3个月的,不得约定试用期
2	试用期合同的次数	同一用人单位与同一劳动者只能约定一次试用期,不能随意设定、延长试用期期限和设置多个试用期
3	试用期合同的期限	劳动合同期限在3个月以上1年以下的,试用期不得超过1个月;期限在1年以上3年以下的,试用期不得超过2个月;期限在3年以上或签订无固定期限的,试用期不得超过6个月

序号	问题	具体内容
4	试用期合同的薪酬	企业为试用期内的员工提供的工资不得低于本企业相同岗位最低档工资，或者劳动合同约定工资的80%，不得低于用人单位所在地的最低工资标准
5	试用期保险	企业应该无条件地为试用期内员工提供国家规定的"五险一金"或者其他保险
6	试用期合同解除	在试用期内，除员工不能胜任岗位职责，或严重违反企业规定的情形外，企业不得单方面解除劳动合同，擅自解除劳动合同的应赔偿对方相应的经济损失

（2）规范合同内容

劳动合同的条款包括必备条款和约定条款两部分。其中，必备条款含有如表4-5所列的六条。

表4-5　劳动合同必备条款

序号	条款	具体内容
1	劳动合同期限	分固定期限、无固定期限和以完成一定工作任务为期限三种形式
2	工作内容	包括工种和岗位，以及该岗位应完成的生产（工作）劳务、工作班次等内容
3	劳动保护和劳动条件	包括劳动安全和卫生规程、女工和未成年人的保护规定、工作时间和休息休假等内容
4	劳动报酬	包括劳动者的工资、奖金、津贴和补贴等内容
5	劳动纪律	包括企业规章制度、劳动纪律等内容及其执行程序
6	附加	劳动合同终止的条件；违反劳动合同的责任

除以上必备条款外，劳动合同当事人还可以通过协商订立约定条款。比如，约定用人单位对劳动者出资培训；劳动者有义务保守用人单位的商业秘密等事项，以及约定双方的权利和义务。但是，双方的约定条款不能违背法律、法规和有关规章的规定。

需要说明的是，劳动合同必备条款是根据双方的需求而定，倘若不设置也不会影响双方主要权利义务的履行，劳动者合法权益依然受法律保护。

（3）特殊情况处理

如有特殊情况，至少在用工之日起一个月内签订正式劳动合同。根据《中华人民共和国劳动合同法》第十条规定："建立劳动关系，应当订立书面劳动合同。已建立劳动关系，未同时订立书面劳动合同的，应当自用工之日起一个月内订立书面劳动合同。用人单位与劳动者在用工前订立劳动合同的，劳动关系自用工之日起建立。"第十四条规定："……用人单位自用工之日起满一年不与劳动者订立书面劳动合同的，视为用人单位与劳动者已订立无固定期限劳动合同。"

从相关法律条款中可以看出，企业至少需要一个月内与员工签订劳动合同，不签订的则自动视为无固定期限劳动合同。此外，对于拒不执行者，劳动合同也做了明确的惩罚规定，在《中华人民共和国劳动法》第八十二条中有相应的规定，"用人单位自用工之日起超过一个月不满一年未与劳动者订立书面劳动合同的，应当向劳动者每月支付二倍的工资"。

综上所述不难发现，企业与劳动者建立劳动关系，签订书面劳动合同的限期为一个月。也就是说，在用工关系确立后的一个月内不签订书面劳动合同均属违法行为。

不与员工签订书面劳动合同的情况，无非是为了降低用工成本，避免承担因意外造成的赔偿责任风险、社会保险。但事实上，这是违法的行为，不但不会减少所谓的成本，而且会给企业造成更多的麻烦。

4.3 新人试用：协助新人轻松度过试用期

试用期是企业用人的特殊时期，通常是指新员工在被企业正式录用前的试用阶段。这一阶段，是员工与企业相互了解、相互磨合的时期。这是个十分关键的阶段，通过这一阶段新员工可充分了解企业，了解自己的工作。企业也可以对新员工进行初步考察，为正式录用奠定坚实的基础。

然而，很多企业无法帮助新员工度过这个关键期，不少人还没完成试用就陆续离开，直接导致企业陷入了"招聘—流失—再招聘—再流失"的恶性循环之中，严重影响了企业的正常经营。

案例4-3

某IT企业是个刚刚成立不久的新公司，员工以技术人员为主，随着业务范围的不断扩大，涉及领域的增多，需要大批的市场人员。于是，该企业负责人决定招聘一批新人，并成立了市场部。招聘信息一发出，前来应聘的人很多，该企业择优录取了10名人员，业务部很快就成立了，下设1名经理、1名主管，8名基层销售员。

人员的快速扩充，也带来了一个不好的现象，即从此陷入了没完没了的人员流动中。原来，该企业设定了三个月的试用期，很多新来的员工连试用期也坚持不下来就辞职走人，当然，有的是主动走人，有的是被公司辞退。总之，人力资源管理部门没日没夜在招人，始终没有留下来。

类似的问题很多企业都碰到过，新员工为什么无法安全度过试用期？这里面的原因很多，有员工个人的问题，也有企业的问题。如果想要减少试用期流失率，最重要的还是企业要从自我做起，善于发现自己的不足和问题。比如，是工资待遇过低，还是工作环境、氛围问题。在这种情况下，企业就有必要给新员工以必要的帮助，协助他们度过这一关键时期。

那么，企业该如何协助新员工更好地度过试用期呢？可从如图4-3所示的四个方面来做。

1
制订量化任务，建立量化考核标准

2
帮新员工尽快熟悉工作环境

3
避免随意给员工下定论

4
对于特殊员工可适当延长试用期

图4-3　协助新员工度过试用期的四个做法

（1）制订量化任务，建立量化考核标准

员工自被录用的第一天起，企业就要配合用人部门做好试用期考核工作，将该岗位需完成的工作详细列出来，并建立相应的考核表，如表4-6所示。里面需清晰地约定试用期员工应该完成的工作量，达到什么效果，以及转正需要达到什么要求等。

表4-6　试用期工作绩效考核表

被评估者姓名：＿＿＿＿＿＿＿　职务：＿＿＿＿＿＿＿　评定时间：＿＿＿＿＿＿＿

评估项目	评估要素	具体内容及标准	自评	上级领导考评
出勤情况（5）	有无缺勤（5）	执行公司考勤制度，无迟到、无早退、无旷工（上述事项有一次，扣1分）		
态度维度（20）	忠诚度（4）	能否认同公司，忠于公司，热心于本职工作		
	认同感（4）	是否熟悉并贯彻执行公司各项规章制度、政策等；有无违反公司规章制度的行为发生		
	执行力（4）	责任感是否强，确定完成交付的工作；是否用心努力完成，并达到要求		
	工作激情（4）	工作中是否富有激情，敬业，善于付出		
	诚信、担责、不损公肥私（4）	工作中是否首先考虑到公司的利益第一，是否做到诚信、务实，敢于承担责任，不做损害公司之事		
能力维度（45）	工作熟悉程度（10）	能否熟练掌握工作，并独立有效地进行；能否随机应变的处理工作中的突发事件		
	学习能力（8）	主动学习各种岗位技能知识，丰富知识面，开拓视野		
	组织、执行能力（5）	能否制订本岗位所要求的工作计划，并能有效的整合资源，按计划、按要求落实组织执行；能否按时完成领导交办的工作		
	团队协作能力（7）	工作中是否乐于帮助同事；尽心尽力服从与自己意见相左的决定；与同事相处融洽，能携手完成工作		
	协调沟通能力（10）	对内与同事们、上下级、部门、公司与公司间；对外与客户、合作单位是否具备流畅的语言、文字表达能力、出色的协调沟通能力		
	发现问题，解决问题的能力（5）	是否能胜任职责范围内规定的工作，工作中是否具有前瞻性，是否能发现问题，并提出合理化建议		

评估项目	评估要素	具体内容及标准	自评	上级领导考评
绩效维度（30）	每项工作完成情况（10）	是否能正确、有效地工作，取得较好的工作结果（完成比例100%为10分，以此类推）		
	重要工作完成率（10）	当月重要工作事项完成率（完成比例100%为10分，以此类推）		
	工作满意度（5）	工作表现能否赢得本部门及其他部门领导及员工的表扬和尊重		
	工作投诉率（5）	是否有部门对该员工的工作及行为方面有投诉		
合计				

（2）帮新员工尽快熟悉工作环境

很多员工之所以在试用期就闪辞，很重要的一个原因就是无法适应新的环境，新的工作。这时，如果有一名老员工能对其进行适当引导的话，可大大减少这种陌生感和不适应性。因此，企业可安排1到2名老员工担任新员工的"联络人"，以帮助其解决在开始工作后会碰到的一些日常问题。如在新员工报到当天陪同新员工在餐厅一起用餐，陪同新员工一起前往寝室，并将新员工介绍给同寝室的室友。

（3）避免随意给员工下定论

用人部门领导的一句话，往往成了试用期辞职的导火索，尽管辞退员工不能过于随意，但事实上这种情况很普遍，往往是目前很多企业最真实的情况。

作为企业要坚决杜绝这样的事情发生，尽量避免用人部门直接辞退员工。毕竟，一个人是否适合该工作，不单是由某一方面决定的。而需要综合衡量，根据企业和试用员工双方的具体情况而定。所以，企业要防止用人部门直接辞退员工，最好的方法就是完善考核制度，建立起多层面考核的机制。

（4）对于特殊员工可适当延长试用期

对于试用期不合格的员工，是不是一定要辞退呢？答案是否定的，在很多特殊情况下，比如，由于工作性质问题、员工的适应性问题，一些人在规定时间内很难发挥出自己的真实水平，对于这部分人就需要格外照顾，可以适当地延长试用时间。

需要注意的是，这需向高层提出申请，确定该员工值得再次考量。在这一阶段要处理好两个问题，一是这段时期试用员工的工作职责和薪酬问题，二是密切关注其在延长试用期内的表现，如未达标，不合格，应及时处理。

有些企业对"试用期期限"的设置存在误解，认为试用期既然可以约定，那么就可以按照企业意愿自行设定。于是对试用期期限的规定不是过短，就是超出法定最高期限。其实，这已经构成了违法，根据相关规定试用期限超过法定时间的，超过部分无效。

4.4 正式入职：制订新人考核标准

任何职位都有明确的任职标准，而且这个标准必须细化，这是衡量任职者是否有资格承担相应责任、有能力完成工作任务的唯一准则。比如，衡量一个市场部门的领导，要明确其管理水平达到什么标准，与下属相处的能力达到什么标准，团队精神如何等。任职标准只有被细化了，才可能真正起到衡量的作用，也只有被细化了才可能更高效地执行。

下面以"人际理解力"为例进行具体说明。

人际理解力即理解他人思想、感情与行为的能力。是企业管理中重要的工作技巧，也是人力资源管理人员必须具备的关键素质之一。

那么，如何来衡量"人际理解力"呢？可以按照如图4-4所示的五个等级进行。"1""2""3""4""5"可按其水平高低分依次排列，并且给每个等级辅以详细说明。

1 表示严重缺乏理解力，完全不理解他人的言行举止。

2 表示能理解浅显的内容，但无法全面系统地去了解。

3 表示基本可以理解，并能够准确抓住重点，进行区分。

4 表示完全理解，并能进行交流，自如表达观点并评价。

5 表示可创造性地理解，并能够看清其背后更深层次的内涵。

图4-4 衡量"人际理解力"的五个等级

可见，明确的任职标准是衡量员工能力大小的标尺，也是衡量一个员工能否胜任某职位的准则。对于企业来讲，制订明确的任职标准也成了进行员工管理必须掌握的一项技能，那么，企业如何来制订任职标准呢？具体可以从以下四个方面入手。

（1）确定岗位考核要素

确定岗位考核要素是制订任职标准的前提，只有明确了该岗位需要从哪几个方面考核才能制订出相应的标准。

在确定岗位考核要素上可运用德尔菲法（也称专家调查法）。该方法是先成立专家小组，小组成员之间按照设定的程序进行讨论，通过匿名投票的方式提出自己的意见；项目组各成员收集意见，集中再次讨论，同时征集意见；反复多次，直到大部分意见逐步趋于统一，最后总结得出一致结果，德尔菲法流程如图4-5所示。

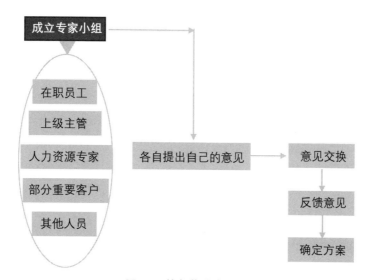

图4-5　德尔菲法流程图

值得注意的是，专家小组的成员可以是来自企业内的高层领导、主管部门主要管理人员、普通职员，也可以是外聘的人力资源专家、重要的客户等。总之，每位成员需要对要考核的岗位非常熟悉，并有自己的见解。

（2）收集任职者的信息

根据岗位要求，收集任职者的相关信息，比如，以往的工作经验、薪酬情况、做出哪些成就等。获取的方法，既可以与任职者直接面谈，也可以通过其主管、同事，以及其他人员进行侧面了解。总之，要做到详细、全面、准确，得出的结果要客观、与任职者的实际相符。

（3）对任职者进行评级

确定了岗位衡量标准，对任职者有了基本了解之后，接下来的工作就是根据制订的标准衡量任职者是否有任职资格。衡量的最主要方式就是对任职要素进行定级，比如，对任职者"知识层面"的要求，对"语言表达能力"的要求，对"沟通协调能力"的要求等。

那么如何定级呢？需要先确定评价要素、基本点和相对权重，如表4-7、表4-8所示。

表4-7　岗位评价要素点数表

评价要素	评价要素指标	基本点	权重
操作方式	□定额弹性要求	30	3
	□上岗知识要求	40	4
	□上岗技能要求	20	2
	□上岗体力要求	30	3
岗位责任	□对产品质量所负责任	24	2.4
	□对产品成本所负责任	30	3
	□对作业所负责任	20	2
操作环境	□工作危险程度	10	1
	□工作环境	10	1
	□人心流向	10	1

表4-8　岗位评价要素标准表

要素项目	1档	2档	3档	4档	5档
定额弹性要求	30	60	90	120	150
上岗知识要求	40	80	120	160	200
上岗技能要求	20	40	60	80	100
上岗体力要求	30	60	90	120	150
对产品质量所负责任	24	48	72	96	120
对产品成本所负责任	30	60	90	120	150
对作业所负责任	20	40	60	80	100
工作危险程度	10	20	30	40	50
工作环境	10	20	30	40	50
人心流向	10	20	30	40	50

根据上表中的标准，就可以测试任职者的任职要素等级，最后得出与职位的相匹配程度。

（4）建立能力素质模型

能力素质模型，是员工晋升的依据，为企业各岗位提供了晋升所需达到的能力、素质标准。通过能力素质模型，可以实现人力资源的集成化管理。在员工职业晋升设计方面，可以根据员工的能力评估结果及与能力要求的差异来决定员工是否晋升。

具体做法可按照如图4-6所示的五个步骤来做。

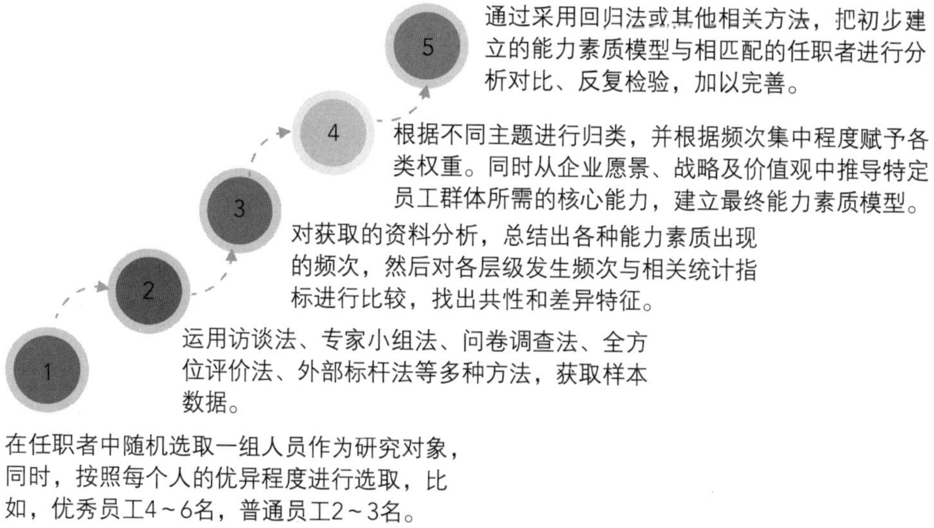

5 通过采用回归法或其他相关方法，把初步建立的能力素质模型与相匹配的任职者进行分析对比、反复检验，加以完善。

4 根据不同主题进行归类，并根据频次集中程度赋予各类权重。同时从企业愿景、战略及价值观中推导特定员工群体所需的核心能力，建立最终能力素质模型。

3 对获取的资料分析，总结出各种能力素质出现的频次，然后对各层级发生频次与相关统计指标进行比较，找出共性和差异特征。

2 运用访谈法、专家小组法、问卷调查法、全方位评价法、外部标杆法等多种方法，获取样本数据。

1 在任职者中随机选取一组人员作为研究对象，同时，按照每个人的优异程度进行选取，比如，优秀员工4~6名，普通员工2~3名。

图4-6　建立能力素质模型的五个步骤

能力素质模型是一种非常好的测评方法，由于对任职者的每一项能力、每一项素质都有具体的描述，当任职者的行为表现与职位相符时，则认为该员工已经达到相应的要求，或者掌握了相关的能力。因此，在利用能力素质模型进行任职者晋升设计时，管理者就有了一个统一的、可衡量的标准。

标准是必须有的，但在特定情况下，针对特殊的人才需要破格提升。在任何行业，总有那么一些技术过硬，但又十分有个性的员工，这些人优缺点同样明显，有的行为偏激，喜欢走极端；有的性格孤僻固执，或者过于循规蹈矩。对于这部分人就不能完全按照规则行事。

4.5 加薪升职：制订明确的晋升标准

　　员工晋升管理是企业工作的主要内容之一。为使晋升更合理、更科学，企业在具体的实施过程中必须确定明确的参考标准。也就是说，什么样的人适合晋升，需要晋升到什么级别，必须严格按照一定的标准进行。

案例4-4

　　某企业计划内部提拔一名外贸经理，由于需要经常与外商打交道，领导看上了一个刚参加工作不久的海归，尤其是其突出的英语能力。于是，宁愿忽略其他方面的不足，也要破格提拔，并支付不菲的报酬。一段时间后，被提拔的英语"尖子生"悄悄地离开了企业。

　　该领导为此懊恼不已："难道做错了什么？我们对他不薄呀！尽管盈利能力有限，但已经提供了最高工资。"

　　在离职面谈中，企业从这位将要离开的员工处得知："虽然单位对自己不错，但自己无法适应该职位，常常被工作任务压得喘不过气来。"

　　经过分析研究后，该企业接下来又计划重新选拔一名外贸经理，这次选拔采用了新的晋升标准，在保留对英语的考察的同时，还增加了对专业知识、沟通能力、领导素质方面的考察，而且每个标准都进一步细化。最终，提拔的这名员工尽管薪酬比前者还低，其工作反而更努力，进步也很快，积极性很高，成了企业中流砥柱的人物。

　　从上述案例中可以发现，该企业在前后两次员工晋升中，采用了不同的衡量标准。第一次晋升的员工看似比第二次晋升的员工能创造更多的效益，但第一次晋升的员工除了英语能力突出之外，其他的都处于下风。这样权衡一下，第二次晋升的员工反而更可靠，从这个角度来看，第二次所用的选拔标准更科学。

　　可见，晋升标准不同，产生的效果也不同，为什么会产生不同的效果呢？这是因为晋升标准通常是需要综合多个方面去分析，而在实际工作中很多企业本末倒置，不是全面考察而是只看重某一个比较突出的地方。因此，在制订晋升标准时不能过于片面，而是要全面衡量；不仅要关注"谁最能把工作做好"，还要关注"谁最愿意把工作做好"。

　　只有能为企业带来最大利润的标准，才是最好的晋升标准。那么，如何确定晋升标准呢？一般来讲，制订晋升标准可从任职资格、能力素质和绩效标准三个方面入手。

（1）任职资格

任职资格，即员工担任某职位表现出来的特征总和，如知识、经验和技能等。任职资格是衡量员工技能水平的标尺，决定着员工在所属领域处在什么样的水平，达到什么样的高度。通常来讲，任职资格包括专业技能、工作经验、必备知识及获得的成果四个部分，如图4-7所示。其中专业技能是任职资格的核心。

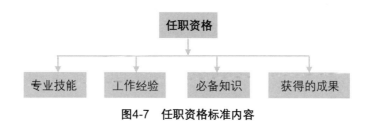

图4-7　任职资格标准内容

（2）能力素质

能力素质是判断一个人能否胜任某个职位、某项工作的重要标准，是决定并区别绩效差异的关键。能力素质分为核心能力素质和专业能力素质，如图4-8所示。其中，专业能力素质会依据晋升类别的不同而不同。

图4-8　员工晋升标准能力素质示意图

（3）绩效标准

绩效标准是企业将生产、经营的既定目标分解为各项绩效要求，然后根据不同的部门岗位将这些绩效要求以指标的形式规范下来。员工要想晋升到某一职位或某一级别，就需要达到企业规定的那一职位或级别的绩效考核要求。

传统的绩效考核多采取定性化的打分方式，一般从德、能、勤、绩四个方面出发，简单地分为优、良、中、差等层级，然后由上级领导凭主观感觉和简单的考勤结果给下属打分。事实上，这并不能客观地反映员工的真实绩效。

目前被现代企业广泛使用的量化考核，更能客观地反映员工的真实绩效。量化考核是将所有的业绩考核指标都设计成可以衡量的考核形式，采用关键业绩指标，用具体的数值、比值、时间等作为考核标准，以杜绝人为主观因素的干扰。量化考核的针对性很强，哪个方面比较差或者说比较重要，就可以考核哪个方面，它强调对关键指标的考核。

标准是人制订的，原则性是指必须按照规章程序有条理地开展工作，这是工作必须遵循的基础，在遵守原则的同时，也要注意其灵活性。处理突发事件或没有先例的事件时，原则性有时候会影响工作进度或效率。不拘一格降人才，在遇到特殊的人才时，企业也可以越过标准破格提拔。

4.6 员工辞退：不合格员工的辞退技巧

辞退不合格员工，是人力资源工作中必不可少的一个内容，然而，这对于不少企业来说却成了难事。因为这种事情常常"出力不讨好"，试想哪位员工愿意被辞退呢？更何况还有法律的约束，只要签订了劳动合同就受法律的保护，企业不得单方面解约。

因此，如何体面地辞退不合格员工，而又不触犯法律，成了企业需要思考的一个问题。

案例4-5

A企业是一家外企，根据公司要求新招聘一名销售人员。用人部门提出，该岗位至少要"2年以上的从业经验，英语达到六级水平"。但在实际招聘时，遇到一位只具有1年工作经验、英语水平达到专业八级的应聘者，招聘人员认为英语水平的优势足以弥补经验上的不足，因而决定予以录用，并且很快与其签订了正式劳动合同。

当该员工进入公司后，很长一段时期内无法适应工作，尽管态度积极、工作认真，但由于无法完成工作目标几次差点被辞退。原来，用人部门急需的是一位有实战经验的人，而且一入职就要进入工作状态。显然，经验上的欠缺成了该员工的短板，最终，用人部门领导提议辞退该员工。

A企业很快就给该员工办理了辞职手续，理由是工作经验不足。不料，该员工对公司的做法很不满，并提出要求给予相应的经济赔偿。几天后，该员工将公司上诉至法院，法院判决公司单方面解除合同无效，并要承担所有的责任。

上述案例中公司为什么败诉？关键在于A企业的行为触犯了法律相关规

定。可能有人会问，员工无法达到用工标准，辞退也犯法吗？这里需要注意的是，尽管"员工无法达到用工标准"，也不能随便辞退。辞退员工必须合理、合法，案例中"以工作经验不足"辞退，明显不合理，而且这些条件在录用前都是双方认可的。也就是说，只要应聘方提供的信息准确无误，企业方审核认可，并签订了劳动合同就不能随便毁约，因为，劳动合同一经签订就意味着形成了法律意义上的劳务关系，如果任何一方，以任何理由违约就要承担相应的法律责任。

从这个角度来看，一旦签订正式劳动合同，即使发现对方达不到用人标准，也不能擅自解约。所以，企业在录用员工时必须反复思量，在签订劳动合同前将所有的疑虑都解决掉，不能马后炮、翻旧账。当然，这是个理想状态，人无完人，谁也不可能做到万无一失，对于企业来说，只要招聘就有可能承担用人风险，唯一可做的就是尽量降低这种风险。

那么，对于达不到用人标准的，又不能随便辞退的员工该怎么办呢？其实，在不触犯法律的范围内，还有很多方法可以让员工体面地离开，具体方法如表4-9所示。

表4-9　辞退不合格员工常用的七种技巧

方法	概述	目的	适用范围
事先约定法	给员工明确工作标准，或固定期限，约定无法达成则要离职	让被裁人员主动提出辞职	任何员工
频繁调岗法	频繁换岗位，让其无法适应新的工作、人际关系，从而造成情绪低落，主动离开	给被裁人员缓冲时间	技术型人才中层管理者
"强迫"法	布置一个根本不可能完成的任务，让其在固定时间内完成，并约定无法完成则要自动离开	给被裁人员施加压力	曾对企业有贡献，但跟不上发展形势的人
降级法	降低职位的方法，直到降至其心理无法接受的底线	降低被裁人员的心理期望	中、高层管理人员
示弱劝退法	通过面对面的交流，讲道理、摆事实，让员工理解企业所面临的困境	让被裁人员意识到自身不足	关系比较亲密的员工

续表

方法	概述	目的	适用范围
退休法	又叫内退法，即员工在达到一定工龄，企业给予一次性补偿，以作为离职补偿	合同一定要有法律性文件	临近退休老员工
政府调控法	通过行政干涉，让不符合要求的员工离开	适用于国企整体调控	国有企业

以上七类辞退法是依照企业承担的法律责任轻重而划分的。尽管实施方法不同，但目标都是一致的，就是有效地辞退不合格的员工，提高企业的用人效率。但在具体的运用中需要根据实际情况而定，不能一概而论。

充分利用法律条文之外的东西辞退不合格员工，可使员工心服口服地离开，同时也可避免企业陷入劳资纠纷中。不过，值得注意的是，这不是钻法律的空子，仍是在合法的前提开展工作的，不能为了保护企业利益故意歪曲法律条文，损害被辞退员工的利益。

4.7 "被迫"裁员：避免纠纷的5个妙招

裁员有两种形式，一种是因员工自身的问题，不符合工作要求而被辞的；一种是主动裁员，即企业出于发展需求和客观实际必须裁掉一部分人的，比如，部门缩减，遇到经济危机，为降低经营成本等。对于这部分裁员，处理起来更为棘手，涉及的问题更多更广，一旦处理得不好还会直接影响到企业的利益和声誉。

很多企业在主动裁员上也是频频出现问题，引发纠纷。

案例4-6

方某在某公司的营销部任职，月工资2000元，自2014年5月入职以来，兢兢业业，表现十分出色。但一直没有签订正式的劳动合同，只是与企业达成了口头协议，但一件意想不到的事情发生了。

2015年5月，他突然被告知，公司因内部调整要裁减一批人，自己正在其中，并且需要马上离职。第二天，方某还没做出答复，公司就让其填了离职申请单，方某提出因公司单方面解除劳动关系造成损失的补偿要求，遭到了公司拒绝。

> 不久，方某向当地劳动仲裁委员会提出申诉，要求公司支付解除劳动关系经济补偿金和额外违约补偿。经仲裁法庭多方取证，认定公司负所有责任，根据相关劳动法律规定，支付方某经济补偿共6000元。

这是一起因无故辞退员工引起的劳动纠纷案件，在这起案件中，企业出于结构调整，不得不裁掉一部分人。本是十分合理，但因在操作上的不妥之处违反了法律法规。按照我国相关法律规定，用人单位不得以任何理由解除与劳动者的合同，否则就要承担法律责任，支付相应的赔偿。即使与对方没有签订正式的劳动合同，也不能随意裁减。

按照《中华人民共和国劳动合同法》第四十一条规定："有下列情形之一，需要裁减人员二十人以上或者裁减不足二十人但占企业职工总数百分之十以上的，用人单位提前三十日向工会或者全体职工说明情况，听取工会或者职工的意见后，裁减人员方案经向劳动行政部门报告，可以裁减人员：

（一）依照企业破产法规定进行重整的；

（二）生产经营发生严重困难的；

（三）企业转产、重大技术革新或者经营方式调整，经变更劳动合同后，仍需裁减人员的；

（四）其他因劳动合同订立时所依据的客观经济情况发生重大变化，致使劳动合同无法履行的。"

所有企业裁员时必须按照法律走，依法办事。尽管很多时候是出于企业发展需要，但也必须在法律规定的范围内执行，不能随便裁减，想怎么裁就怎么裁，想什么时候裁就什么时候裁。否则不但损害了被裁员工的利益，还增加了企业用人成本。

这就需要企业在裁员时处处以员工利益为准，多运用一些技巧，将损失降到最低。如图4-9所示是最大限度维护被裁员工利益的五种方法。

图4-9 最大限度维护被裁员工利益的五种方法

1 减少裁员次数
2 裁员幅度要大
3 裁员出手要迅速
4 把握裁员时机
5 不下"逐客令"

（1）减少裁员次数

裁员最频繁的时候往往是企业经营不善，发展不景气时。在裁员问题上很多企业都怀着"等一等""看一看"的心态，表现得犹豫不决，或者每次少裁几个。这样无疑就会增加裁员的次数，对企业是非常不利的，因为裁员对员工的心理是个巨大的考验，拖得时间越久员工的心理波动越大，造成的负面影响也越大，同时还增加了企业的运营成本。

（2）裁员幅度要大

大批量裁员是降低裁员、维护被裁员工的一种重要方法，倘若条件允许，最好一次性、大批量地裁员。在企业利润下降的窘境中，员工多待一天对企业来讲都会增加一大笔费用，即使公司以后会面临着不得不重新招募新员工的风险，也必须做出这样的抉择。

（3）裁员出手要迅速

企业高层做出裁员决定，或者有了裁员计划之后，人力资源管理者必须迅速执行。在最短的时间内将这个消息明确地告知被裁人员，或相关部门。因为当员工听到裁员的消息后，在不确定之前，无论是否会涉及自己都势必有莫名紧张和不安之感，其工作积极性、工作效率将会直线下降，从而影响企业的整体效益。

（4）把握裁员时机

裁员一定要把握好时机，时机把握得好能在一定程度上降低企业的运营成本，更重要的是可以缓解员工被裁的心理压力。比如，某职位已经不适合企业的需求，其职位上的员工已经没有发展的希望，或者不能很好地胜任该职位。这时，很多人心中就会产生消极情绪，这个时候适时地提出解除劳动合同，对很多人来说反而是种解脱。

（5）不下"逐客令"

很多企业在裁员时常常会做出这样的愚蠢举动："限在一个小时或一天内离开""一天之后必须签订离职协议"等。这样的"逐客令"很容易引发员工的反叛心理，树立敌对情绪。相反，有些企业给被裁员工留出一定时间，或设置一个过渡性的部门，专门处理员工被裁过程中遇到的问题，显得很人性化，不仅可以降低员工的心理抵触，更重要的是避免了因裁员给企业正常运营带来的负面影响。

在裁员问题上，企业应该充当起服务者的角色，为被裁员工做好事后服务工作，而不是简单地传达高层的命令，办理辞职手续。否则，势必会带来一系列的遗留问题，不但不会令被裁员工满意，还有可能影响到企业日后的正常运营。

4.8 争议处理：劳动争议产生后的处理方法

低薪欠薪、民工讨薪、加班没有加班费、只签短期合同、剥夺休假权利等，劳动者与企业的纠纷变得日趋复杂。纠纷不断使得企业的劳动关系、劳资矛盾更加突出，这大大影响了企业的利益和形象。

案例4-7

2021年，杨某被某网络公司聘为客户经理，合同为3年，具体负责网络客户的服务。2022年6月，该公司以工作不达标为由解雇杨某，并向其发出解除劳动合同的通知书。

杨某在接到通知后，拒绝签字，次日，该公司又通过电子邮件的形式通报全体员工，通告中称因杨某严重违反了公司规定，须对其予以开除。

杨某将该公司诉至法院，要求对方支付相应的经济补偿。企业为了证明杨某存在违纪行为，向法院提供了两个重要的证据：一是2022年2月27日通过邮件向全体员工发出的《关于设立电话销售人员电话考核指标的通知》，二是部分电话录音，表明杨某无法达到工作的标准。

法院对公司有关管理制度证据进行公证，认为该公司虽以电子邮件的形式进行了公告，但由于没有直接下达到杨某手里，并不代表对方已经知晓这个事情，虽然有打虚假电话的违纪行为，但并不能成为辞退的理由，故判决该公司应支付杨某工资，即相应的经济补偿。

这是一起典型的劳资争议案件，企业虽然属于正义的乙方，但由于做事的方式欠妥反而受到了法律的制裁。这就涉及企业在与员工产生劳动争议后的赔偿问题。

很多企业之所以在诉讼中败诉，正是因为对劳动争议的相关规定的误解。比如在对"劳动争议仲裁的时效为1年"的理解上，一定要注意起止时间。法律上明确规定，是在终止合同之日起的一年之内提出，而不是仲裁之日或者起诉之日起。有的员工辞职但由于各种原因没有解除劳动合同的，随时可以提起仲裁或诉讼。

正是因为企业对劳动争议诉讼缺乏足够的认识，容易陷入认识误区。在处理劳资纠纷中常入的七个误区，如表4-10所示。

表4-10　企业处理劳资纠纷时常入的误区

误区	观点	内容
误区一	谁主张，谁举证	例如，如果有员工举报企业减少轮休期间的工资，那么不是由举报人提供证据，而是由企业提供证据，证明自己并未少发工资。如果企业不能提供这些证据就应承担责任
误区二	合同约定就是合法的	很多企业为了方便起见，通常事先与员工约定好，出现争议的处理方法和途径
误区三	常常以本企业员工的证言作为案件的依据	为避嫌，企业内部员工往往不能当作证人出庭作证
误区四	须由用人单位所在地仲裁机构，或法院进行仲裁和审理	员工所在地劳动仲裁机构也有审理权
误区五	劳动争议仲裁时效为1年	注意起止时间，原则上在终止合同之日起的一年之内提出
误区六	不服仲裁裁决可以向法院起诉	劳动争议仲裁的裁决，大部分是一裁终局的，即仲裁后就不能向法院起诉了，只有仲裁存在违反法律规定的情形，才可以依法向法院提出不予执行或撤销仲裁裁定
误区七	再无纠纷＝一劳永逸	用人单位与劳动者协商解决纠纷时，不能简单地写"双方再无其他任何劳动纠纷"，而应逐项列明劳动者所放弃的法定权利

可见，处理劳动争议是存在很多风险的，企业既想在劳动争议诉讼中胜诉，又想保持着成本的最低化，必须避免步入误区。同时要善于利用法律武器规避风险，具体需要从如图4-10所示的三个方面入手。

1
清楚什么情况下需要支付经济补偿

2
明确经济补偿金的标准

3
有争议的地方尽量协商解决

图4-10　处理劳动争议规避风险的做法

（1）清楚什么情况下需要支付经济补偿

用人单位有下列情形之一的，由劳动行政部门责令限期支付劳动报酬、加班费或者经济补偿；劳动报酬低于当地最低工资标准的，应当支付其差额部分；逾期不支付的，责令用人单位按应付金额50%以上100%以下的标准向劳动者加付赔偿金。

① 未按照劳动合同的约定或者国家规定及时足额支付劳动者劳动报酬的。

② 低于当地最低工资标准支付劳动者工资的。

③ 安排加班不支付加班费的。

④ 解除或者终止劳动合同，未依照《中华人民共和国劳动合同法》规定向劳动者支付经济补偿的。

（2）明确经济补偿金的标准

对于企业克扣、拖欠劳动者工资的，按照国家现行规定，劳动者在提起劳动仲裁和诉讼时，不仅有权要求企业返还克扣、无故拖欠的全部工资，而且可以要求企业加发25%的赔偿金。

因此，作为企业必须明确经济补偿金的标准，具体标准如下。

① 经济补偿金。由员工工作年×员工离职前12个月平均工资。

② 代通知金。公司没有提前30天通知就解除无过错员工，支付1个月工资作为补偿。

③ 违法解除赔偿金。公司违法解除劳动合同，支付两倍经济补偿金。

④ 员工月薪酬高于当地平均工资三倍的，按照当地平均工资三倍的数额支付，最长不超过12个月。

（3）有争议的地方尽量协商解决

处理劳动争议的方式包括和解、调解、仲裁、诉讼四种。四种解决途径的根据与争议的程度有关，而且成本也是越来越大，一场官司下来，企业往往要付出很大的代价。

和解、调解是最简单、成本最低的解决方式，在发生劳动争议时，企业应力争内部和解，不到万不得已不对簿公堂。

劳资纠纷是劳动关系中一项重要的内容，也是一种必然存在的现象。作为企业一旦遇到员工上诉，不要逃避，更不能隐瞒事实。而是要勇敢面对，并积极地去解决，这时掌握必要的技巧则是必不可少的。

第 **5** 章

留人管理：
留住人才就留住
了企业核心资源

　　招人、用人最终都是为了留人，留住人才是企业人力资源工作的终极目标。人才是企业发展的最核心因素，是企业发展最直接的动力，拥有最优秀的人才无疑就拥有了最宝贵的资源。然而，如何留住人才对于企业来说是门技术活。

5.1　制度留人：规范人才管理制度

很多人爱把员工频繁跳槽的原因归结于员工自身，其实，很大一部分原因是企业问题。比如，制度不完善问题、工作环境不到位问题或者是管理人员的问题等，任何一个方面出现问题都不利于留住员工，不足以吸引员工。

案例5-1

沈阳机床集团非常重视员工的职业生涯发展，为每位员工提供良好的发展平台，每位员工的价值都得到了最大展现，这与集团用人体制的变革有很大关系。众所周知，沈阳机床集团是东北老工业基地非常有代表性的国有企业，长期以来，传统的用人机制严重制约了人才的发展和引进。

正如集团人力资源部部长吴军所说："过去我们靠签订'生死合同'，其实不怨人家跑，怨咱企业没办好。在1993年到1999年公司陷入低谷的这段时间，每年只能招收到100多名大中专毕业生，其中七八成在一年之内都跳槽了。"

为了改变这种现状，机床集团的领导开始进行人事改革，大力破旧立新，进行技术创新和人才创新，一切旧观念、旧机制全部废除。

比如，通过制定"赛马机制"，大大激发了员工的荣誉感和责任心，大大减少了跳槽。每年都会招大批新人丰富公司的人才结构，以重点院校的大学生为主，其中不乏硕士研究生、博士等高材生，甚至海归人士；同时，对有潜质的员工也会送出国进行交流与学习，前往欧洲、美国等地接受培训。人选的范围也很广，既有公司高级管理人员，也有一线技术人员、营销人员，相当一部分获得在海外研发中心工作的机会。

经过一系列的改革，集团成了业界的先进典型，无论是数控产值化率还是经济增长幅度，都是第一。

由此不难想象，企业的用人机制是吸引人才很重要的一个方面，越是人才机制完善的企业，越能获得人才的青睐。

企业财富是由员工创造的，企业要尽可能地创造条件回报员工，与员工共享企业发展成果，这样的企业才最具发展潜力。因此，企业要想留住员工，必须要让他们有充分施展才能的平台和机会，这样才能促使他们更好地发挥潜力。

那么，什么是用人机制呢？包括哪些内容呢？用人机制通常指企业招聘员工的要求，组织培训，人力资源开发等一系列人事管理的相关制度，包括多方面的内容，主要体现在以下四个方面，如图5-1所示。

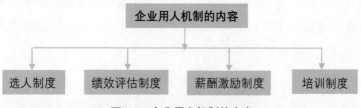

图5-1　企业用人机制的内容

目前，很多企业在这四个方面都有不同程度的不足，直接导致了企业用人制度的不完善、不合理、不规范。这四个制度具体不足之处表现如表5-1所示。

表5-1　企业用人制度的不足之处

制度	不足的表现
选人制度	缺乏科学的选人计划，选才渠道单一，方式落后，少数企业还存在着"裙带关系"，任人唯亲
绩效评估制度	评估缺乏原则性、科学性，评估内容、项目的设定、权重的设定主观意愿较大，评估标准模糊、评估方式单一、透明度低。评估过程缺乏员工的参与和监督
薪酬激励制度	缺乏一套合理、有效的薪酬激励制度，无法科学分析员工需求，更无法针对不同需求采用不同激励措施，这些都会影响员工士气和忠诚度
培训制度	缺乏有效的培训，或者过于注重形式不重效果，缺乏对培训效果的有效评估，难以达到预期目的

明确了上述问题之后就应该考虑如何去矫正，对此，企业要做的就是首先要从制度层面入手，完善管理制度，改善管理方法，给员工营造一个好的工作平台和环境，如图5-2所示是企业构建有效留人机制的具体方法。

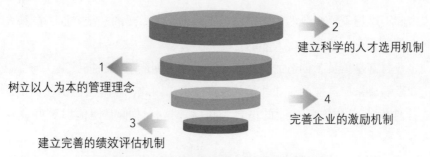

图5-2　企业构建有效留人机制的具体方法

（1）树立以人为本的管理理念

在知识经济时代，企业应充分认识到人力是能够创造更多价值的资源。因此要把注意力更多地放在如何开发人才、合理使用人才、有效留住人才上。并且要积极主动关注员工的利益需求，变控制为尊重、变管理为服务，从而吸引和留住更多优秀人才加盟，使企业的人才优势变为竞争力。

（2）建立科学的人才选用机制

用合适的人首先要把好招聘选才关，建立公开、透明、公正的招聘制度，对于特殊人才的引进，要进行公开竞聘。同时，坚持适才录用的原则，即唯有合适的才是最好的，不盲目追求高素质人才，不片面看重学历、工作经验或者专业背景，只要能胜任所担任的工作、能适应团队需求即可录用。

（3）建立完善的绩效评估机制

有效的绩效评估机制，能调动员工的创造性和积极性，在企业内部真正形成一种"能者上，平者让，庸者下"的良好氛围。这要求有明确的绩效评估标准，切实可行的绩效评估方法，并能够根据绩效评估结果做出相应的决策，从而为员工的职位、薪酬调整提供依据。

（4）完善企业的激励机制

企业对员工的激励要坚持精神奖励与物质奖励相结合的原则。一方面，通过提高员工的工资、福利待遇满足员工的物质需求。另一方面，应加强对员工的精神激励，比如，建立全方位、多渠道参与管理的制度，积极听取员工的意见和建议，鼓励员工献计献策。

需要注意的是，在完善制度的同时，也不能单靠制度来留人，更主要的是靠制度背后的人性化的管理。因此，所有的机制都必须体现出人性化的理念，即理解员工真正需要的是什么，不同阶段不同需求是什么，从而将需求与制度充分结合起来。

5.2 薪酬留人：建立完善的薪酬体系

薪酬是一个系统、完整的体系，包括基本薪酬、奖金、津贴、福利多个方面，然而，很多企业只在某一个方面上下功夫，无法综合起来运用，因此，即使基本工资较高，或者福利较好，对员工仍没有足够的吸引力，这就是缺乏一个完善的薪酬体系。

薪酬体系不完善、与员工需求脱轨是造成人才流失的首要原因，现在越来越多的企业高层和企业也充分认识到设计科学合理薪酬体系的必要性。

案例5-2

某企业员工流动性非常大，为进一步稳定员工的工作情绪，企业主要负责人决定联合人力资源管理部门对薪酬体系进行改革。最主要的一项就是设置多层次薪酬体系，除基本薪酬外，还设置了岗位薪酬、绩效薪酬、业绩提成、加班工资以及福利性的薪酬等。

该企业薪酬形式具体如下：

①基本薪酬。基本薪酬按照该地区年公布的最低工资标准1300元/月发放。

②岗位薪酬。岗位工资、岗位津贴按照当前行业同一岗位的统一标准700元/月发放。

③绩效薪酬。绩效奖金，基本薪酬＋岗位工资总额的20%，试用期不享受绩效奖金。

④业绩提成。（提成/计件/研发项目奖金）。销售岗位根据合同规定按照比例计算；生产岗位根据工作任务的相关规定按照数量计算提取费用；技术类岗位按研发成果转化相关所得收入；管理类岗位无此工资。

⑤加班工资。根据基本薪酬标准按照国家相关法律法规计发。

⑥福利性薪酬。按照当地员工基本养老保险、基本医疗保险、工伤保险、失业保险、生育保险标准统一发放。

该企业通过丰富薪酬体系，挽留员工的流失，同时还取得了很好的激励效果，大大激发了员工的潜力。

上述案例中企业正是对薪酬体系进行完善和改革，才得以扭转人才危机，真正发挥了薪酬的激励作用。可见，建立符合员工需求的薪酬体系已成为留人的首选。薪酬代表着企业和员工之间的利益交换，无论对个人还是对企业，利益都是双向的，对于企业而言，良好的薪酬体系是吸引人才、提高工作效率、改善绩效，最终实现企业战略目标的重要手段。

对于员工来说，薪酬主要起到保障、激励、稳定以及价值实现功能，是激发工作积极性、创造性，体现自身价值的主要方式。其主要表现在四个方面，如图5-3所示。

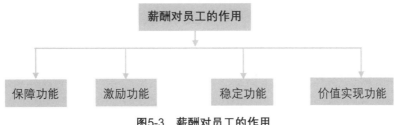

图5-3　薪酬对员工的作用

（1）保障功能

薪酬是劳动力提供者与使用者达成的一种供求契约，是使用者对提供者付出的一种补偿。在企业中就体现为用人单位对员工基本需求的一种满足和保障，比如，员工基本生活需求、维持健康的需求、学习和知识技能提升需求，以及获得社会地位和尊重的需求等。薪酬的多少对员工本人及其社会关系的生活状态、生活质量会产生非常大的影响。

（2）激励功能

薪酬在满足员工基本需求的同时，另一种功能就是激励作用，企业往往也会通过对薪酬的调节来激励员工的工作行为、工作态度和工作绩效。无数事实证明，调节的幅度与影响的程度成正比，如果员工对自己的薪酬不满意，就会产生消极怠工、工作效率低下和忠诚度下降的情况。反之，就更容易调动工作积极性，创造更优良绩效，发挥更大的潜力。

（3）稳定功能

合理的薪酬可以增强员工对企业的归属感和忠诚度，因此，薪酬还具有稳定人心的作用，当薪酬能满足员工的期望时员工就愿意继续留下来；当薪酬不能使员工满意时就会令其产生跳槽之心。

（4）价值实现功能

薪酬水平的高低也往往代表了员工能力大小、地位高低以及在企业中的重要程度，因此，薪酬某种程度上是员工价值的体现，高薪者能力高，体现的价值大，反之，能力低，价值小。

薪酬体系的建立应该兼顾企业利益和个体利益，因为每个行业、每个企业以及每个职位的要求不同，其薪酬也应该有所差异。为了体现薪酬的公平性，企业在参考行业标准、企业整体利益的同时必须兼顾到个体差异。

5.3 文化留人：完善企业文化软实力

在人力资源有限的今天，优秀人才扎堆流向好企业、大企业，那些业绩不好、规模较小的企业则陷入了人才贫乏、过度流动的漩涡之中。造成这种"冰火两重天"的根本原因是，中小企业缺少一种文化的支持。

相比于薪酬留人、机制留人，文化留人更具有吸引力。如今，在很多大型企业里，企业文化显得越来越重要，贯穿于人力资源管理的每一个环节，处处彰显着企业以人为本的管理理念。

案例5-3

如今家电行业竞争很激烈，人才竞争也趋于白炽化，然而格力却显得异常不同。这是因为格力非常重视企业文化和核心价值观建设，注重用文化来培养人、感染人。

格力从不用"空降兵"，从骨干到基层员工全部靠自己培养，很多刚毕业的大学生到了格力一律接受正规的培训。因此，格力也被誉为家电行业的黄埔军校，也正因为如此，格力的员工非常有自豪感和归属感。很多企业暗中挖格力的人，但很少挖走核心人才，即使对方开出天价年薪。

格力员工之所以如此忠诚，是因为很多人已经适应了格力的企业文化，很难再接受另一种文化。对此，格力也很自信，据董明珠说，格力从不怕别人来挖人，因为她有自己最核心、最独特的文化，而造就的必然是坚不可摧的团队。

良好的企业文化给人传递的是一种正能量，比如，对人的尊重、良好的工作氛围，强烈的归属感等。企业文化能使员工激发出一种强大的力量，这是金钱、制度无法做到的。综上所述，企业最终需要以"文化"来留人，以文化为出发点和落脚点，这也充分反映了某个企业的价值观。

优秀的企业文化是吸引人才、稳定人才的主要内容，然而，优秀企业文化的形成不是一朝一夕的事，需要长期慢慢积淀。那么，企业如何用企业文化来留人呢？

（1）持续建设企业文化

企业文化建设是企业得以发展的基础，只有不断优化和完善，才能逐步形成企业特色的文化氛围。尽管从职责上讲，人力资源管理部门很少直接参与到企业文化建设的方面上来，但企业文化建设是一项综合工程，需要多部门通力合作，直接或间接参与进去。

从这个角度来看，企业人力资源管理部门有义务提出自己的意见和见解，尽最大的能力协助相关部门，或相关人员完善企业的文化体系。

很多企业文化建设效果不好的关键在于，企业高层和策划者对文化的特点缺乏清晰认识，无法把握其规律性。企业文化永远处在一个发展变化的状态，不同的发展阶段，其文化建设的侧重点也有所不同，接下来，看一下企业不同阶段的文化特点，如表5-2所示。

表5-2　文化在企业不同发展阶段的建设特点

所处阶段	特点	文化概述	企业的做法
起步阶段	管理者主导文化	这个阶段的企业文化某种程度上就是个人文化，老总文化。典型的是，只要提起这个文化理念首先想到的就是该企业老总	利用企业高层或管理者的威望、社会影响力吸引人才，不过这是留人的最初阶段，最终还需要依靠更吸引人的东西参与进来
快速发展阶段	制度主导文化	当企业发展到一定的规模后，就需要完善的制度，以制度来规范企业的发展，促进企业的正常运营	这样的文化体现在各种企业制度上。即以完善的制度、良好的发展平台来吸引人才，这是企业发展的中级阶段
成熟阶段	精神主导文化	这是企业文化的精髓所在，也是一个成熟企业的标志	这样的文化是以精神引导为主，很多体现在细节上。比如，企业宣传栏，是公司高层领导干部的照片，还是普通员工的照片？成熟的企业是后者

建设企业文化除了注意所处发展阶段不同之外，还要考虑到不同企业间的差异，比如，企业的市场地位不同、地域不同、业务模式不同、目标客户群不同、内部利益关系不同等。这些都可能会影响到企业文化。

所以，企业文化一定要协调好共性与个性的关系，体现自身的特色，不能盲目地跟从和模仿，否则就无法反映企业的内在价值观。

（2）有效的执行

在企业文化逐步完善之后，最重要的是有效地去执行，保证与精神层面价值观、制度层面奖惩标准和行为方式层面的语言、行动的一致。

使企业文化得到真正的执行，可从两个方面入手，一个是制度的保障，一个依靠自觉性。

制度的保障是指要有完善的规划。这个规划要以企业文化反映的精神为导向，然后，在此基础上结合不同工作，形成完整的、系统的具体方案。

依靠自觉性是指文化不能完全靠制度。企业文化的执行是需要制度维护的，但紧紧靠制度是不够的。关键在于执行的人认同这种文化。企业文化的执行过程是逐步被接受、被认可的过程，文化要固化于制、内化于心、外化于行，一个良好的企业文化只有内化于员工的心中，才能外化于每一个行为中。因此，在企业文化执行过程中，必须充分重视和强调人，由谁来执行。

由此可以得到启发，留人的法宝就是让员工融进企业文化中去，营造一个和谐的、积极向上的氛围。一流企业留人靠文化，二流企业留人靠人情，三流企业留人靠金钱。利用良好的企业文化挽留员工，才是"留人"的最高境界。

优秀的企业文化是在长期的发展过程中慢慢积淀形成的，这需要整个企业所有人共同努力。人力资源作为与人打交道的一个部门，所有工作必须着眼于人，以积极、专业和开放的态度面对员工。以人为本、和谐开放的企业文化不仅能提升员工的忠诚度，也为员工和公司之间搭建起沟通的桥梁。

5.4　情感留人：多关注员工个人需求

人是有感情的，人力资源作为企业中最主要的资源之一，对其进行情感挖掘是其才能和能力得以充分发挥的最大动力。企业如果能做好每位员工的情感工作，很大程度上可以坚定他们忠于企业的信心。

因此，企业要做好留人工作重要的一点不能忽略，即时刻从人的角度出发，充分激发人内心的情感，重视对情感的培养，满足员工感情的需要。然而，很多企业正在犯这样的错误，缺乏对员工的关注，对员工的了解和沟通较少，从而导致关系恶化，矛盾重重。

案例5-4

美国一家农场，农场主杜克拥有上万名员工，每年的营业额高达几亿美元。究其原因，主要在于杜克善于与员工沟通，激发了员工对企业的依赖和忠诚。

　　杜克对员工非常关心，有一次，他计划买下湖边的一块地，连同一艘废船，将它改建为小型的度假村，供员工休闲玩耍。

　　财务人员试图说服杜克放弃这项计划，因为，这将是一项巨大的烧钱工程，已经远远超过企业的财力。

　　作为老板，杜克并不是不知道这种情况，也知道这计划一旦实施将是什么结果，那就是企业将会面临巨额债务，甚至破产。但他转头一想，那些整日辛勤劳动的员工们更需要一个身心放松的地方，于是便抛开一切决定去干。

　　后来，杜克坚持买下这块空地，耗费了大量的物力财力，终于建成了一个小型度假村。正是杜克对员工的这种"爱的奉献"，大大激发了每位员工的工作激情，每位员工都拼命工作，公司的效益也扶摇直上，仅仅半年的时间，建造度假村的财务漏洞很快就被填补上来。

　　上述案例颠覆了大多数人心目中"情感留人"不可取的谬论，情感这东西是潜移默化的，一旦被人接受，其蕴含的能量往往也是很大的。那些对情感留人不自信的企业，必定是没有付出真感情，有些企业在为员工付出时总是兼顾着自身的利益，一旦超出利益范围就会停下来。一个企业是否真正地为员工利益着想，关键是看能否真诚待人，真诚地为员工做实事。只要踏踏实实地付出，员工自然会感受得到，从而从内心深处产生信任和拥护，有了感情，哪能轻易说走就走？

　　所以，企业要重视对员工情感的培养，具体培养方法可从如图5-4所示的三个方面做起。

了解员工在工作上的特殊需求

根据员工需求优化工作计划

多沟通，正确处理员工的抱怨

图5-4　企业对员工情感的培养

（1）了解员工在工作上的特殊需求

　　大多数企业在满足员工需求时，只注重共性需求，却忽略了特殊需求。的确，员工处在一个大集体中，其需求通常会表现出很多共性，但就个体来说又具有其独特性。了解每位员工独特的、个性化的需求，是对员工最大的尊重，也是最容易令员工满意，培养员工对工作、对企业情感必不可少的方式。

具体可采取问卷调查的方法，一方面可以了解员工在工作上有哪些特殊需求，另一方面可以借此机会与员工展开深入的面谈，以便倾听员工的内心想法。工作满意度调查模板如表5-3所示。

表5-3　工作满意度调查模板

类别	选项等级			
	1	2	3	4
目前工作状态	老一套	全靠自己	还算满意	挺不错
现在所得薪酬	比该拿的少	不保险	正常	十分满意
获提升的状况	不公平	按能力升级	按资历升级	几乎没有
上司的情况	粗暴无礼	基本上不管	事事管	恰到好处
目前同事的情况	讨厌	不好讲	认真负责	聪明能干

（2）根据员工需求优化工作计划

优化工作计划是指通过对工作的调整，使工作与员工的知识、才能更加匹配，使员工更加高效地完成工作，同时，也可以使员工更有成就感。

具体优化方法有以下三种：工作轮换、工作扩大化、工作丰富化。

① 工作轮换。这是工作的一种纵向扩张，是指定期在不同的工作之间进行轮换，可给员工更多的发展机会，使员工掌握更多的技能，同时，增进不同工作间员工的理解，提高协作效率。

②工作扩大化。这是工作的一种横向扩张，是指当员工在某项业务上有质的突破时，同时提高他的工作待遇，旨在让其更高质量、更有创意地完成工作，获得更大的成就感。

③ 工作丰富化。通过对工作内容和层次的改变，使员工在计划、组织、控制及评价等各项管理活动中更多地去参与，增强员工参与管理的积极性。

（3）多沟通，正确处理员工的抱怨

工作中，有些员工会存在这样或那样的抱怨，这些抱怨会直接导致不满，从而引发离职。因此，企业如何来解决这些抱怨就显得异常重要，抱怨产生的原因有很多，既有企业的客观因素，如工作条件过差，上下级关系、同事之间的关系恶化；也有自身原因，如对某工作期望值过高、心情的影响等。

作为企业必须留意员工的一言一行，做好沟通工作，观察其在工作中的状态，发现问题及时处理，将不安分因素消灭在萌芽状态，常见的沟通方式如表

5-4所示。

表5-4 与员工常见的沟通方式

沟通方式	主要内容
工作会议	工作会议的沟通，通常是指企业上下之间定期或不定期地举行各种会议，比如晨会、晚会、例会等，每天一次或每周一次
工作报告	工作报告的沟通是指下级以书面报告的形式将工作中遇到的问题、意见和见解反映给上级，上级通过审阅，再将结果反馈给下级
业务联络	业务联络这种沟通方式广泛应用于部门与部门之间的业务往来，同一部门内运用得比较少。由于需要双方的有关领导签字，所以这种方式更准确、更可靠
征求意见	征求意见沟通是一种单向的沟通方式，仅限于下级向上级，目的是使上级更充分地了解和把握基层工作的现况、存在的问题等。比如，企业设立意见箱或信访箱等
面对面	面对面沟通是一种最直接、最简单的沟通形式，一般运用于上级与下级之间的单独交谈。某一事情，不便于集体讨论或公开沟通的，大都采取面谈的形式
发布公告、通知等	公告、通知等沟通形式是一种单向的沟通方式，用于上级向下级以及企业全体成员传达命令、指示。这种方式范围最广，但是缺乏互动性，与以上几种形式相比，在信息接收的程度上有很大的局限性

以上是最常用的几种沟通方式，多形式的沟通，更有利于消除分歧、统一行动、维护企业利益，进而提高企业的整体效益。

值得注意的是，几种沟通方式各有利弊，企业需要综合分析，取长补短，根据特定的情况采用最合适的方式，为全体人员营造一种良好的、公开的沟通气氛，从而建立一套有效的沟通渠道。让每位员工在经济、心理、精神方面都得到不同的满足。

一条以信任、尊重为纽带的感情线，对留住人才是非常有帮助的。但需要注意的是，员工对企业的感情应该建立在互利的基础上，而不是靠个人魅力，无本的感情，这样的感情是非常不牢靠的，对企业管理者也会有很大的压力。

5.5 跨越代沟：与新生代成为战略伙伴

每次新一代崛起都备受大家关注，由于社会背景、成长条件不同，每一代都有自己鲜明的个性特征。新生代员工同样如此，以90后、95后为例，这一代人个性自我、张扬、不安于目前状况，因此在职场上也一直被扣上"不稳定""难管"的帽子。其实，这样一概而论太片面，时代在变人才也在更新换代，人变了管理方式也需要变。

如今新生代员工已经不可逆转地登上了职业的舞台，成为各个企业不可或缺的一分子，或正在成为企业发展的中坚力量。怎样更好地跨越代沟，实现对新生代员工的新型管理，最大限度地发挥其潜能，已经成为人力资源管理者不得不面对的新课题。

作为企业，一定要完善新生代员工的管理机制，对新生代员工进行区别于老员工的管理理念和方法，具体做法如图5-5所示。

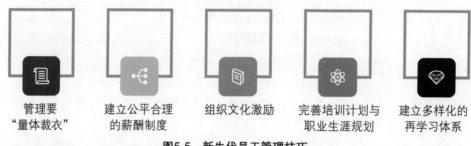

| 管理要
"量体裁衣" | 建立公平合理
的薪酬制度 | 组织文化激励 | 完善培训计划与
职业生涯规划 | 建立多样化的
再学习体系 |

图5-5　新生代员工管理技巧

（1）管理要"量体裁衣"

传统的管理是强调权威的家长式管理模式，相对比较僵化，已经无法适应新生代员工比较活跃的思维方式。必须向强调真诚的兄长式管理转变，"要领导不要管理"将成为未来的发展方向。

对新生代员工的管理不能一概而论，而是要量体裁衣，在真正了解他们需求的基础上，有一颗包容理解之心。针对不同类型的员工制定不同的管理策略，同时不要企图通过过多的规章制度进行强制约束，而是要找准企业和员工价值观的契合点，利用企业文化这种"黏合剂"把他们紧紧地团结在一起。

（2）建立公平合理的薪酬制度

新生代员工跳槽频繁、忠诚度不高，在面对更好的发展机遇，或轻或重的经济压力时，他们第一想到的就是有丰厚的物质激励来证明自己的能力与社会地位。因此，一个良好的、与绩效挂钩的具有吸引力的合理薪酬体系，对于他们无疑具有很强的鞭策作用，物质激励的公平性能有效地提高新生代员工的积极性。

（3）组织文化激励

强化新生代员工的忠诚度，除提升他们自身权益和优化工作环境等物质激励外，还要有更符合他们口味的组织文化激励。

"家庭式"的管理文化更能打动与激励新生代员工，因此，管理者在管理时应该融合儒家的"仁"，即让新生代员工在公司当中找到自尊。并尊重他们的想法，尊重他们的隐私，留给他们犯错的空间。这种温情式的文化激励可以让员工与企业坚守原则，共进共赢。

（4）完善培训计划与职业生涯规划

好的培训计划可以帮助新生代员工快速适应新的工作环境，掌握工作流程，了解企业文化与组织目标，是新生代员工快速学习和成长的最好方式。与此同时，通过培训企业管理者可以更清楚地了解到员工到底与哪些职位匹配，从而对员工进行更好的职业生涯的指导。

好的职业生涯规划，可以帮助新生代员工设定更清晰的职业发展目标，明确人生的奋斗方向与发展策略，也让他们认识到未来自己需要努力的方向。

（5）建立多样化的再学习体系

工作同时也是继续学习的过程，是个人提高自己的市场价值而进行的人力资本的投资。新生代员工不仅重视工作的完成，而且更加注重在工作过程中提高自己的素质和技能，为职业生涯的进一步发展奠定坚实的基础。因此，公司的再学习培训机制对于新生代员工具有重要的作用和吸引力。

新生代这一职场新生力量给予管理者的是"惊喜"与"惊叹"并存。他们正在逐步成长，成为职场的重要力量。对于企业而言，除了适应别无选择，对新生代员工应该给予更多理解、宽容、支持和信任。从他们多样化的需求出发，给出相应的管理和激励策略，善用其长避其短，最终实现企业与员工的双赢。

5.6　个性化沟通：与新生代员工的沟通策略

与90后、95后等新生代员工相处，最大的难题来自沟通障碍。那么，如何与这一群体的员工进行有效沟通呢？

（1）建立互信

管理者与新生代员工之间难沟通，本质上是缺乏互信，在建立互信的所有方式中，真诚地关心员工是最简洁与高效的方式，那么如何才能让员工受到这种关怀呢？

这体现在管理者与员工每一次对话的过程中，特别是在新员工入职的前三个月这一点尤为重要，要很好地解决这一问题，一线管理者必须熟练地掌握如图5-6所示的3个关键要素的谈话技巧。

图5-6　与新生代员工建立有效沟通的技巧

换句话说就是，沟通前要充分了解清楚对方的期待诉求，创造彼此志趣相投的话题。既要给予充分的理解，也要后续提供实际的支持措施，来满足对方的需求，很好地解决员工面临的忧虑。

（2）重视欣赏和肯定的作用

新生代员工自我意识强、追求个人价值，决定他们的人生观和处世观。因此，企业应创造良好的人际关系氛围，尊重他们个人生活习惯、职业生涯的选择，懂得欣赏他们思想新颖、敢于创新等优点，注重发现和寻找员工工作中的闪光点，经常肯定和欣赏员工的表现和行为，他们就会表现得与预期一样。

每周至少肯定员工一项表现比较优秀的方面，执行一段时间以后，你肯定会对员工有一个新的认识，员工也会有一个"质"的变化。要认识到表扬比批评更有效，强调优点、避免缺点，才能不断地提升和鼓舞士气。

即使在批评之前，也要先考虑对方的优点并进行适当的肯定，至少表明自己希望其上进的态度，明确自己是欣赏他的。批评后，最好另外提出对他改进工作的建议和措施。我们千万不能忽视我们领导的评价对于他们来说是多么有影响力，有时候可能我们的一句话就可以改变一个人。领导的位置越高，作用越明显。

（3）说出自己的理解和真实感受

每个人思考问题的角度和方式不一样，为了确保自己对别人的话的理解，对对方提出的观点说出自己的理解，既可验证自己理解的准确程度，又可加深对方的印象。这种方法在对方做出承诺时应用的效果会非常好。

所以，有时候沟通过程中纯语言的作用是十分次要的，管理者的一个眼神、一个下意识的动作都可能对员工产生巨大的影响，一声问候、一杯热茶可能比千言万语更加有效。总之沟通没有一定的成规，关键在于我们各级领导要充分重视沟通的重要意义，在日常工作中留心观察、细细体会，一切从工作出发，找出对每个人最佳的沟通方式，必然将通过沟通提升员工的积极性和工作效率。

良好的沟通需要双方的真诚，只有讲出自己的真实感受，才能获得真正的理解，才能取得良好的效果。不可否认，与新生代员工沟通，的确有很多技巧，但是一定要注意一点，那就是人与人之间的相处是需要真诚的，如果在与员工沟通时，根本就不是出于自己的本意，说的和想的南辕北辙，就无法取得对方的认同。

5.7　人才流调：给予内部人才优先权

人才流调既是企业内部人才资源优化配置的一种方式，也是留住人才的一种方式。很多时候，企业迫切需要非常有经验、马上拿来即用的人才，而且既要熟悉企业业务、管理模式，又要有足够的忠诚，这种人才最适合从内部进行提拔。因此，企业在寻找外部人才的同时，不妨把目光更多地投向内部，采用内部提拔的形式择优录取优秀人才。

韦尔奇的伟大之处，不仅在于对通用电气公司的管理革命，还在于内部提拔接班人。在选接班人这方面，韦尔奇坚持应从公司内部提拔的原则，并为此做了不懈的努力。

案例5-5

　　1994年，韦尔奇在董事会上宣布开始在公司内部遴选接班人，在对几位候选人有意向后，就开始秘密考察他们。比如，经常去打高尔夫球，或聚餐、参加舞会等，通过这些娱乐式的活动进行明察暗访。这些活动看似不经意，却都是韦尔奇特意安排的，甚至座次安排、活动项目这些细节都要亲自安排，目的就是对候选人进行考核。

　　经过6年时间终于确定三名候选人，分别是詹姆斯·麦克纳尼、罗伯特·纳尔代利、杰弗里·伊梅尔特。他们都是各个分公司的负责人，詹姆斯·麦克纳尼在辛辛那提，负责飞机发动机业务，罗伯特·纳尔代利在利奥尔巴尼，负责电气涡轮机业务；杰弗里·伊梅尔特在南卡罗来纳，负责医疗设备业务。

最终的接班人只有一个，因此，韦尔奇还需要在这三名中选出最优秀的一位。经过将近一个月的详细考察，终于确定伊梅尔特为接班人，当韦尔奇向通用电气公司的董事、高级主管宣布时，得到大家的起立鼓掌。

随着人才竞争的日益激烈，很多企业将目光瞄准了内部流调。这种自给自足的人才供给模式优势很明显，降低了用人成本，可一定程度上留住了人才，尤其是中高端人才，在那些世界名企中，很多企业的较高层的岗位，或关键性的岗位，基本都是通过内部提拔来补位——如从普通员工中提拔部门经理，再从部门经理中提拔副总经理。

那么，企业该如何做好内部提拔工作呢？可从如图5-7所示的三个方面入手。

分析企业用人现状　分析可能出现的影响因素　建立内部流调程序

图5-7　企业做好内部提拔工作的三个方面

（1）分析企业用人现状

企业是一个由许多不同等级的工作岗位组成的组织，从下到上，每个等级的工作岗位数量依次递减，形成一个金字塔。比如，一个5000人的企业，可能有4000多名员工处在最底层，处在最顶层的只有少数几个人，甚至只有一个人。通常，企业只在最底层的少数几个入口处从外部劳动力市场招人，其他的职位一般都是从内部提拔。

通常来讲，如图5-8所示的六种情况下需要从内部提拔。

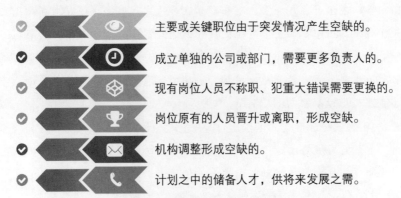

主要或关键职位由于突发情况产生空缺的。

成立单独的公司或部门，需要更多负责人的。

现有岗位人员不称职、犯重大错误需要更换的。

岗位原有的人员晋升或离职，形成空缺。

机构调整形成空缺的。

计划之中的储备人才，供将来发展之需。

图5-8　内部提拔人才的六种情形

（2）分析可能出现的影响因素

在明确职位需求的基础上，分析可能影响提拔效果的因素，比如充分考虑外部的人力资源市场、同行业企业，以及招聘渠道的因素，要充分考虑企业内部的用人需求与内部人才供给的现状，以及招聘的程序和相关政策。

这是企业实施内部提拔活动的保证。具体来讲，每一个需要考虑的因素，如表5-5所示。

表5-5　企业内部提拔影响因素分析

影响因素	主要内容
市场供给情况	市场上有没有更合适的人？有没有"替代品"？
竞争对手的情况	同行业的人才需求情况是什么样的？他们的薪酬是什么水平？对这类人才的策略是什么？
人员本身的情况	如何判断这些人是否符合企业的要求？
甄选程序与方法	通过什么方式发布招聘信息速度快、质量好、成本低？
企业人力资源政策	企业如何展现自己的吸引力？如何保留最优秀的员工？

（3）建立内部流调程序

即便是内部提拔，也需要一套严格的选拔程序，本着公开、公平、公正的原则进行选拔。由于内部提拔的特殊性，有时候，更需要按照流程办事，稍有不慎就会引起内部纷争，削弱企业整体竞争力。

内部流调程序通常有三个，具体如下。

① 报名。报名通常分为两种情况，一是员工自愿报名，二是部门推荐。人力资源部发出内部流调通知后，员工可自荐，或申请部门领导推荐。无论哪种方式，都需要准备齐全相关材料，上报人力资源部，先经部门审核。

② 审核。经过初步筛选后，人力资源部对合格的申报者发出笔试与面试通知，经评审小组评议，通过的可发放面试通知。

③ 入职。入职安排面试、笔试，面试可让被选对象讲一个故事、话题，或实操技术。时间只有5分钟。考察形象风范、口齿清晰度、普通话标准度、表达的逻辑性、条理性、层次性等。

内部人才流调通常会产生两大弊端，是企业需要注意的。一是"近亲"提拔。有些中高层领导利用手中的职权，推荐自己人，最终导致选出的人选既无法满足岗位要求，还打击了一部分真正有才能的人。二是内部人力资源毕竟有限，难免发生"削足适履"的问题。

5.8 回聘制度：为离职的人才敞开回归的大门

在欧、美等发达国家，60%的企业都有一个特殊的用人制度——回聘制，即为主动辞职或者被辞的人提供再次回到原单位工作的机会，摩托罗拉就是一个非常有代表性的例子。

案例5-6

摩托罗拉公司有着一套非常完备的"回聘"制度，专门针对那些主动提出辞职的前任雇员。据该公司一位资深的HR介绍，建立"回聘"制度的目的是给那些离职员工提供重新返回公司的机会。对于符合一定条件的，还有相应的鼓励，比如，在福利待遇上仍可沿用辞职前的标准。

对此，摩托罗拉是有明确要求的，即"在辞退6个月内被重新聘用的，享受的所有待遇均与辞职前一样，而且可继续累计；超过6个月的，将按照以前的服务年限给予一定的奖励"。

摩托罗拉为鼓励"人才"回归，制订了独特的"回聘"制度，这也是重视人才的主要表现。回聘制度，是鼓励已离职员工返回原来企业，或原岗位继续任职的一种制度。自20世纪90年代以来，由于人才竞争进一步加剧，国外一些企业首先开始关注前雇员，尤其是咨询行业，不少咨询企业发现前雇员能为他们带来更多的信息、资源和利益，于是实施了一系列的政策鼓励前雇员回来。

然而，这种情况在国内却不容乐观，关于"是否应该建立回聘制度，是否应该让离职的员工再次回来"有很大的分歧。据一项调查结果显示，仅有不足3%的企业赞成这样做。大多数企业认为，离职是一件坏事，影响了企业的信誉，破坏了企业的团结，有的甚至是对企业的背叛。对于这样的人，怎么能鼓励回来呢？这不是鼓励所有的人可以随便进出吗？

换个角度想，回聘制度并不是一无是处，可以确定的一个事实是，可实现人才的循环使用，激发被辞人员更大的潜力，让其更加忠诚于企业，忠诚于工作。作为企业，应该从企业的整体利益出发，最大限度地降低用人成本，即使有的人暂时离开公司，也应该给这些人一个返回的机会。

那么，企业该如何利用这种制度呢？这就需要做好如图5-9所示的四个要点。

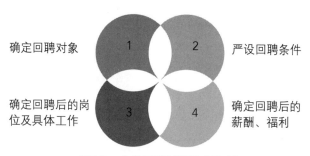

确定回聘对象　1　2　严设回聘条件

确定回聘后的岗位及具体工作　3　4　确定回聘后的薪酬、福利

图5-9　企业回聘制度注意事项

（1）确定回聘对象

回聘的人员要符合企业核心岗位的要求，同时，在职期间表现良好，能力出众。为了更好地把控回聘人员的质量，每当有员工离职时，企业就应建立一套离职者档案。档案内容应包括：离职去向、离职原因、联系方式等内容，并保持与离职者的日常沟通和联系，随时向其传递公司有关的公开资料、发展动态、企业文化等信息，鼓励他们重返岗位。

（2）严设回聘条件

回聘不是再次招聘，因此，需要进一步设置回聘人员条件。有些企业规定，回聘员工必须是曾在本单位工作一年以上、离职六个月之内的员工。有些企业会将绩效考核结果作为一个重要的条件。

无论设置什么条件，重在合理，不能超越回聘人员的客观实际，所以企业在设定回聘条件时要结合回聘人员的实际情况去考虑。

（3）确定回聘后的岗位及具体工作

大多数情况下，回聘岗位未必是离职前的原岗位，通常是根据企业实际需求与员工意愿重新划分。一般会先设立一个回聘的基本标准，如新的职位等级不低于在职期间的等级。

（4）确定回聘后的薪酬、福利

这也是吸引人员回聘的重要部分，明确规定回聘后人员的薪酬福利水平。可采用业绩对接、工龄对接等方式。这样一来，员工既得到不低于离职前的薪酬福利，还能延续相关工龄，达到企业与员工双赢的结果。

员工能力大小不一、素质高低不齐，盲目回聘很有可能将不适合企业的人再次接纳进来。这样不仅无法达到预期目的，反而容易引起在职员工的不满。因此，在回聘时需要认真审核回聘对象，只有那些优秀的人才适合重回岗位。

第 **6** 章

人才培训：
让人才脱颖而出
的最好方法

培训是企业为提高员工素质、能力和工作绩效而实施的有计划、系统的管理活动。目标就是发挥员工最大的潜力，推动企业不断进步，实现企业和个人的双重发展。做好企业培训是企业不可忽视的内容。

6.1　培训计划：好计划是成功的开始

培训计划是按照企业战略意图，在全面、客观分析需求的基础上，根据一定的逻辑顺序，对培训时间、地点、培训者、培训对象、培训方式以及培训内容等进行预先设定的规划，是培训活动得以顺利开展的保障。

企业培训是一个系统的、长期的过程，在实施之前必须有科学、合理的计划。

案例6-1

米其林中国投资有限公司非常重视企业培训，无论在什么情况下都有着完备的培训计划，即使是低迷期的2008、2009年也不例外。

2008年受全球金融危机的影响，米其林在欧美市场的汽车销量急剧下滑，中国市场也受到影响。但总体上影响不大，可谓是一枝独秀，创新项目和主要业务不但没有减少，反而实现了全年预期目标。

这是怎样做到的？据米其林中国人力资源总监齐晓峰介绍，这都得益于公司对培训的持续投入。就在米其林全球市场效益下滑，业务缩减的关键时刻，中国分公司却没有因此而停止，而是着眼于未来，持续加大对培训的投入，尤其是稀缺和关键人才的培养，为此，还制订了特殊时期的培训计划。

人力资源部主动参与到培训计划的规划中来，了解公司会投放哪些新产品、建立哪些办公室、生产哪些轮胎，以及是否拓展新的工厂等，以此确定未来的企业发展需要怎样的人才，从而提前启动相应的招聘和培训计划。

米其林培训的目的分两个部分：一方面着眼于目前需求，根据这一阶段特殊需求补充人员；另一方面着眼于未来需求，招聘高潜力人才，对其进行1～3年的培训，让他们能够担当未来新业务的发展力量。

同时，还选送一批员工到国外工作和参加培训，据统计先后派出22人去国外工作，40人参加海外培训，26个中、高层管理者参加领导力开发项目的培训。

除了从内部选拔培养外，米其林还高度重视从外部引进战略性人才、管理型人才，建立企业需要的人才储备库，为日后发展做充分准备。

从上述案例中可以看出，培训计划的重要性，米其林根据企业在特殊阶段的需求，有针对性地对培训目的、具体途径、步骤、方法做了计划。一份完善、科学的培训计划包括多项内容，比如，确定培训目标、选拔培训对象、选择培训方式、确定培训时间、培训方式等。同时，还需要根据不同的需求有针对性地调整。

那么，企业如何制订或协助有关部门来制订培训计划呢？可按如图6-1所示的五个步骤进行。

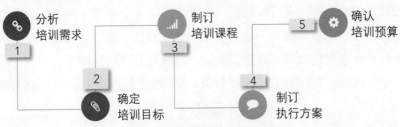

图6-1　制订培训计划的步骤

（1）分析培训需求

制订培训计划的一个非常重要的前提就是提前做好需求分析工作，明确这个培训是针对什么而言的。一般来讲，培训要同时符合企业、个人的双层需求，因此，做培训需求分析可从企业、个人两个方面入手。

企业：通过对企业的分析，确定培训的意义、目的、内容、方向、步骤和费用支出等。

个人：通过对个人的分析，将员工的特殊需求与企业的需求充分结合，确定培训时间、地点、方式等细节。

（2）确定培训目标

目标为培训方案的设计提供了方向，也是衡量最终培训效果的依据。当对培训需求进行精准的分析后，就可以进一步确定培训目的，即通过培训要达到什么样的效果。比如，对新员工培训的目的是增强其对企业的了解，熟悉企业理念和文化，了解工作的基本情况；对一线员工培训的目的是提高工作技能，增强工作能力；对管理层培训的目的是强化其领导力，提高对企业的责任感和荣誉感。

（3）制订培训课程

根据培训需求，列出一个单子，上面列明用来匹配培训需求的所有种类的培训课程。这可能是一个很长的清单，包含了针对少数员工的个性化的培训需求（甚至是一个单独的个人），当然也包含了许多人都想参加的共性化的培训需求。

（4）制订执行方案

培训方案是培训计划的核心，即意在告诉执行人如何去执行计划。比如，培训对象如何选拔，选用什么样的培训师，培训时间和地点如何确定，培训的预算等。这些具体的东西都必须在方案中详细提出来。

（5）确认培训预算

影响培训计划能否执行的最后一个因素是培训预算，在不确定有足够经费支持的情况下，制订任何综合培训计划都是没有意义的。制订计划的同时，需要兼顾公司有多少预算可分配于培训中。尽管培训预算都是由公司决策层决定的，但是企业应该通过向决策层呈现出为培训投资的"建议书"，说明为什么应该花钱培训，会给企业带来什么效益。

员工培训要根据培训需求和企业的实际情况多样化进行，绝不能搞"一刀切"，充分满足员工的培训需要，提高员工培训的实效性。

6.2 培训内容：根据需求确定内容

培训内容被誉为培训活动的灵魂，没有好的内容所谓的培训就失去了意义。这就需要企业在制订计划时，善于根据企业实际需求、培训对象，选择内容，优化内容。只有真正有利于受训人员意识强化、能力提高的才可被选入。

案例6-2

德邦物流是国家5A级物流企业，在成立之初最显著的一个问题就是：员工的业务能力差。针对这个问题，管理层意识到必须先开展技能培训。在多方筹措下，成立了专门的培训中心进行日常培训。培训中心由总部经理与人力资源相关人员组成，直接负责所有的培训活动，尤其是对内容的研究要进行全程管理。比如，日常培训、月度、季度、年度等培训计划的起草，完善与实施，都要认真地考量。

培训中心下设18个分中心，各个分中心都有具体的人专门负责。为了使培训内容更加符合企业和员工的需求，各个分中心负责人必须在当年12月初根据本部门的情况，做出下年度培训计划框架，并报至总培训中心；总培训中心进行审核、汇总后，同时也结合总公司的经营方针、目标和发展需要编制下年度总培训计划，12月30日前下达到各分中心。

正因为对培训内容的严格把控，该企业很多实际、实用、实效的培训计划出炉，工作逐渐步入了规范化、制度化管理的轨道。

通过上述案例可以看出，培训内容设置得不合理、不科学、不符合实际需求，是导致培训无效的主要原因。一个完整的培训内容通常包括两大方面，第一方面是企业的常规培训内容；第二方面是因岗位不同，需要制订特定内容，这部分往往是企业培训的主体。

下面将分别对两大方面进行阐述，如图6-2所示。

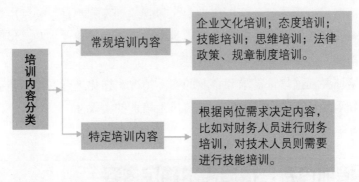

图6-2 企业培训的内容分类

（1）常规培训内容

常规的培训内容是针对所有员工进行的，任何企业搞培训都可能涉及的内容。

① 企业文化培训。企业文化是企业的精髓，是增强员工凝聚力和团队精神的动力。在进行培训时，首先就是对员工进行企业文化和价值观的培训。其主要目的是解决员工适应性的问题，只有适应了企业的环境，了解了企业的价值、社会使命，才能更加认可这个企业，进而热爱自己的职业，在言行上与企业保持一致。

② 态度培训。态度决定一切。态度比能力更重要，如果没有良好的态度，那么能力再出众也无济于事。员工的工作态度决定了对工作的敬业程度、与团队的合作程度，以及是否有正确的人生观和价值观。因此，企业有必要对自己的员工进行态度方面的培训，帮助员工正确认识企业，正确认识工作。

③ 技能培训。专业知识、工作技能是员工更好地工作的前提，只有不断更新才能适应新的工作需求、胜任岗位。这类培训的主要目标是解决实战能力问题，联合国教科文组织曾提出，人才在未来世界竞争中必须手握三张"绿卡"：文化素质、专业技能、创业本领。这里说的就是一种知识，一种技能，知识渊博、技能过硬的员工越来越受企业的欢迎。

④ 思维培训。思维方面的培训是高层次的培训，主要目标是解决员工的创新性问题。因为能力培训不仅仅包括工作能力，还包括与其相关的思维能力和学习能力。一个优秀的人才不仅要掌握过硬的专业知识和工作技能，还要有把知识、技能转化为实力的能力。这就需要有创新性的思维能力。只有具有创新能力、有悟性的员工才更有潜力，才能获得新的发展机会。

⑤ 法律政策、规章制度培训。在具备以上素质、能力和思维的同时，还有一项培训也是不容忽视的，即遵守企业的规章制度，国家的法律法规。无规矩不成方圆，任何一个企业的行为都会受到国家政策、企业法规的限制。所以，作为企业必须让员工明确地知道这些，并且自动地去遵守、去执行。

（2）特定培训内容

特定的培训内容是按照企业的需求或者岗位需求，培训对象个人需求而设定的，特定的培训内容可分为以下五种。

① 针对某特定人群的培训。比如，总经理技能培训、经理培训、业务员培训等。

② 针对某特定领域的培训。针对某一领域的培训，人际交流技能，计算机技能，其他的相关专业知识（如财务、采购、工程等），以及各种基本技能培训和复习进修。

③ 安全和健康培训。在降低劳动保护相关成本的同时，确保工作场所的安全与人员健康。内容越来越多涉及如何处理工作压力和建立健康的生活方式等方面的问题。

④ 新员工上岗培训。又叫职前培训，是确保新员工有一个良好的开端，能迅速融入企业中去。培训的内容包括企业发展史，企业组织结构设置情况、主要政策和制度，企业宗旨、价值观、文化，组织发展前景，员工的权利、义务与责任等，以便让员工尽快熟悉组织环境，主要培训对象是新进员工。

⑤ 组织发展培训。有关组织变动管理的培训，诸如全面质量管理计划，顾客服务和团队建设管理等。

培训内容的选择除了需要符合培训活动的常规需求外，还需要兼顾其他利益。比如，企业、制订者本人、培训对象以及讲师等。因此，企业在确定时需要综合对方的意见，对各利益方多交流、多沟通，千万不可生搬硬套，照葫芦画瓢，一板一眼地模仿照抄。

6.3 专人负责：成立专人培训小组

制订了培训计划、确定了培训内容，如何顺利执行，转化为企业效益呢？其中最有效的方法就是建立培训小组，对培训进程进行管理和监督。

培训小组是培训活动执行期间的常设机构，通常由企业培训管理员、部门培训兼职管理员、授权培训讲师、企业领导等组成，如图6-3所示。

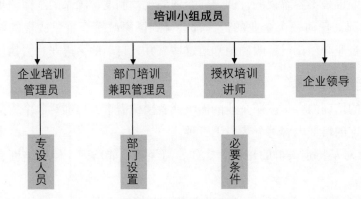

图6-3　培训小组成员

培训小组主要负责培训工作的计划、组织、执行与监督活动，各成员分工明确，各司其职。具体如下。

（1）企业培训管理员

"企业培训管理员"是唯一一个专职常设人员，在整个培训小组中起着中流砥柱的作用。一般设置1名，也可根据实际需求适当调整，多设置几名。

企业培训管理员的职责范围较广，具体包含如表6-1所列内容。

表6-1　企业培训管理员职责

序号	职责
1	拟订培训计划
2	组织培训活动
3	拟订讲师培训方案
4	建立培训管理制度，制订培训积分表
5	负责收集、开发培训课程
6	建立培训教案库，并定期进行修改和整理

序号	职责
7	对培训需求进行调查，培训效果评估
8	监督部门培训工作的执行情况，每季度对部门培训工作进行总结评估
9	配合公司领导、用人部门执行其他培训工作
10	联络外部培训机构、引入外部培训讲师以及执行外派培训

（2）部门培训兼职管理员

部门培训兼职管理员是由企业每个部门指定的，每个部门通常只需派一名管理员。他们只负责本部门的培训，或者只有与本部门有关的培训活动产生时才出面，所担任的职责与公司培训管理员有很多重复的地方，只不过范围会缩小，只局限于本部门内部事务，通常包括如表6-2所列的内容。

表6-2　部门培训兼职管理员职责

序号	职责
1	拟订部门月度培训计划
2	组织执行部门培训工作
3	收集、开发部门相关培训教材
4	每季度进行部门培训需求调查与培训效果评估
5	贯彻执行培训小组管理员下达的其他工作

（3）授权培训讲师

授权培训讲师是培训小组中一个非常重要的人员，是进行有效培训的必要条件，是各项培训计划的具体执行者。

如何选择适合的培训师，往往是让企业感到头痛的事情，如今的培训行业乱象丛生，培训师良莠不齐，很多时候不知如何进行遴选，那么该如何选择培训师呢？可根据如表6-3所示的四个原则入手。

表6-3　选择培训师的原则

序号	原则
1	不要盲目只看培训师名气，而是要清楚自己公司的现状，根据实际情况去选择

续表

序号	原则
2	对培训师进行详细的了解，了解其职业背景，曾服务过的企业、取得的成果等
3	了解培训师所在公司的定位：市场上有很多培训公司，每个公司所服务的领域不同，或有所侧重，这要根据自身定位进行选择
4	要清楚自己要达成的最低和较乐观的目标

（4）企业领导

在培训中，企业领导的培训主要体现在政策、资金的支持上。一个培训项目如果能得到企业高层领导的支持，执行起来将会更有效、更顺利。

比如，为每个培训人员配置明确的权力，对各级阶层人员给予有效监督，为培训小组给予充分授权等。

成立培训小组也是有缺陷的，因为要求组员必须在培训主题上有一些经历和体验，这限制了小组培训对象的多样性，同时成本也比较高，无法实现规模效益。

6.4 方法得当：综合运用多种培训方法

决定企业培训效果的关键的因素——培训方法，方法不对，即使投入再大的人力、物力、财力都只能事倍功半，因此，采用什么样的培训方法很重要。

案例6-3

某公司是一家以开发、销售股票软件为主的公司，经常外聘一些讲师、专家来为销售人员做培训。培训的内容很广泛，涵盖"理论篇""产品篇""方式方法篇""成功励志篇"等多个层面。每次培训前，培训师都不忘激励一番，奋斗、坚持、成功等一系列慷慨激昂的情绪洋溢全场。荧屏上的PPT演示也明明白白地指出，"成功率100%，并且在3个月取得突破性效益"等。

讲师讲得激情澎湃，然而不少员工听得昏昏欲睡，培训效果如此之差，除了浪费时间和金钱外再无他用。

案例中，讲师在讲台上慷慨激昂，下面的员工却昏昏欲睡。为什么会出现这样的结果，原因就是忽视了一个重要的问题，即培训方法。培训方法出了问题，接受起培训内容来难度就会大增。

企业培训一般分为内部培训和外部培训两种，内部培训和外部培训又包含多种更具体的方法，比如，内部培训有课堂讲授、情景演练，集中讨论的方式；外部培训有公开课、实践训练等。

根据不同的培训目的和需求，可采用不同的方法，或者多种方法并用。接下来，以内部培训、外部培训，以及特殊需求下的培训为分类标准，重点探讨企业培训常用的几种方法，如图6-4所示。

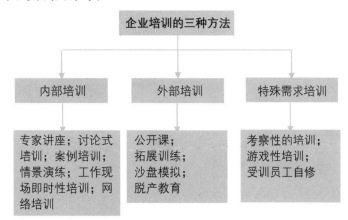

图6-4　企业培训的三种方法

（1）内部培训方法

① 专家讲座。专家讲座是目前企业采用最多的一种培训方式，成本低、传播性强，适用于知识体系较为完整、培训规模较大的全员培训。这种培训方式的不足之处是受训人员接受起来难度较大，类似于填鸭式的教学，难以在短时间内全盘掌握学习内容。

②讨论式培训。讨论式培训多以专题讲座的形式出现，但在讨论的议题、培训对象的范围上要小得多。通常就企业某一阶段所关注的专题展开，参训人员也非常有限，通过相互讨论交流，统一认识，得出心得，共同提升。这种方式最大的优点是信息可以实现多向传递，受训员工的参与性高，费用较低。

③ 案例培训。案例培训是指对案例进行讲解、分析，学习到知识、方法等，通过案例培训，增强分析问题、解决问题的能力，以及系统思考的能力，达到统一企业理念、判断标准和行为流程，提升实战能力的效果。在选择案例时最好选择自己的东西，或正面的，或反面的，这对于解决实际问题更具有指导意义。

④ 情景演练。情景演练适合小型的培训活动，常常需要受训人员扮演不同的角色，能有身临其境的体验，可加深对培训内容的理解，提高参与性。缺点是耗时较长，需要大量的提前准备和策划，一旦准备不足，培训效果也将大

打折扣。这种培训方式最好与其他培训方式结合使用。

⑤ 工作现场即时性培训。工作现场即时性培训是指在工作现场进行培训，根据观察员工的工作情况当场给予指点。这种方式效果非常好，尤其对于解决问题、避免问题重复发生极为有效。目前这种培训方式已普遍应用于不少企业，真正实现了工作学习化，学习工作化，在工作中学习，在学习中工作的充分结合，缺点是需要大量实践性的专家参与。

⑥ 网络培训。网络培训是一种新型的培训方式，信息量大，新知识、新观念传递优势明显，更适合分散式学习的新趋势；同时还可节省受训人员培训时间与费用，因此，也是培训发展的一个必然趋势，但由于投入较大，目前只在一些实力雄厚的企业运用较多。

（2）外部培训方法

① 公开课。公开课参训灵活度高，可开阔眼界，增加与外界交流的机会，适合不能在企业内进行集中培训的内容。

② 拓展训练。拓展训练也叫体验式培训，更适合于增强团队精神、锻炼个人意志、挑战自我等方面的培训。

③ 沙盘模拟。沙盘模拟将实际工作在沙盘上模拟进行，通过模拟锻炼受训人员的思维方式和行为方式。对于解决实际工作中的相关问题有很好的效果，参与性强，弥补了常规学习的不足。

④ 脱产教育。脱产教育即脱离生产，是指暂时脱离工作（生产）岗位，全日制在校学习的一种学习形式。优势在于通过阶段性的集中学习，可更系统地掌握培训内容。

（3）特殊需求培训方法

这是介于内部培训与外部培训之间的一种形式，可内可外，往往是企业出于某种特殊需求，或者在特殊阶段而进行的一种培训方式。不具有普遍性，适用于个别企业，员工个体，常见的有以下三种。

① 考察性的培训。参观优秀企业，借鉴优秀企业好的做法，"拿来主义"，在某种程度上可使企业少走弯路，在感悟中学习，印象深刻。

② 游戏性培训。通过游戏进行情景演练、寓教于乐，是一种感悟性非常强的培训方式，适用于脑力劳动某些特殊的职业和岗位。

③ 受训员工自修。受训人员根据自己的业余时间进行自学，灵活性大，成本少，可用于补充性学习等方面。

在培训方式的运用上，不能局限于某一种或几种，这是一个动态的过程，企业发展的阶段不同、遇到的问题不同，所运用的方法也会相应地变化。这就需要企业充分了解企业现阶段的处境、实际需求，有针对性、有目的性地展开多样化培训。

6.5　效果监测：强化培训效果的评估

培训效果评估，是衡量培训是否有效的重要标准，通常是与培训预期进行比较，看完成了多少，完成的质量如何，还有多少差距等。然而，许多企业缺乏对培训效果的有效评估，从而使培训活动成了本糊涂账。不但无法达到预期目标，还无法判断问题出在哪儿，在这种情况下所谓的培训就将彻底沦为鸡肋。

案例6-4

　　某互联网企业在国内网络通信领域小有名气，多年来凭借着先进的技术，雄厚的财力，取得了良好的效益，稳居行业榜首。随着互联网产业的兴起，很大一批传统通信企业受到了冲击。

　　该企业高层充分意识到了这一点，认为只有迅速提高员工的综合素质才能在将来的竞争中立于不败之地。于是，先后与几家知名度较高的培训公司合作，组织了几次大型的培训活动。从策划到请培训师，每次都需投入大笔资金。在培训中为员工们安排了生产、销售、研发等不同方向的课程，还特地为中高层管理人员安排了MBA课程。公司的初衷，自然是希望通过这些培训来提高员工的技能和知识水平。

　　可几次培训过后效果很差，几乎没有什么起色，当公司决定再度加大培训力度时，有人提出了反对意见。提反对意见的是人力资源部经理黄某，他通过对前几次培训的观察，注意到很多员工对培训持无所谓的态度。比如，有些骨干员工以工作太忙为借口往往缺席培训，有些老员工只是本着完成任务的态度。甚至有些员工消极地认为："这种培训无非就是走个过场，就当放几天假，休息一下好了。"

　　由于该企业自始至终没有一个系统的评估机制，这些声音很难到达企业高层的耳中。这也使得企业高层成了"聋子""瞎子"，只知道盲目地投入，却不注意产出，这也是企业培训没有效果的主要原因。

像案例中这种现象，在很多企业都存在，整天做着无效的培训，培训成了一种毫无意义的消耗。要知道，企业组织培训活动是需要以大量人力、物力、财力为基础的，只有收到预期效果才能保证这些投资是值得的，至少要保证投入与产出反差不能过大。企业中常见的无效培训，如表6-4所示。

表6-4　几种无效的培训类型

培训类型	具体内容
集体性培训	这类培训最大的特点是人数过多，100人，200人，甚至好几百人。在培训中互动少，听得多理解得少，很难收到预期效果
不分层次的培训	无法突出重点，有的人没听懂，有的人却感觉太简单。众口难调，效果不会好
培训时间过长	超过三天，或者一次超过7小时。人的精力是有限的，通常情况下精力比较集中的时间不会超过40分钟。时间过长很难吸引受训员工的兴趣，保证学习效果
对培训期望过高	很多企业希望通过培训一次性就解决所有问题。俗话说，贪多嚼不烂，一次课程能够解决好一个问题就是最成功了
没有体验的培训	现在提倡互动式的培训、体验式培训，纯讲授式的培训没有太大价值，也很难引起受训人员的兴趣
投入较低的培训	投入低是培训没有效果的主要原因，有的企业培训费尚且比不上给培训师喝酒的费用，这样培训效果也一定会大打折扣

为了使投资与产出的差距进一步缩小，就必须对培训效果进行评估。其意义在于：一是体现成功的价值；二是吸取失败的经验和教训。作为企业一定要意识到结果比过程更重要。当事实证明，培训是有回报时，就要总结经验，继续发扬光大；当证明没有回报时，则要通过评估来进行总结和改正。

培训效果评估是对培训工作进行的总结和评定，为以后培训计划的调整、培训方法的改进、培训质量的改善、培训成本的降低等提供依据。那么，企业如何才能做好培训效果评估工作呢？需要重点关注四点，这也是绩效评估的四个层次，缺一不可。

这四个层次分别是反应（response）、学习（learning）、行为（behavior）、结果（results），如图6-5所示。

反应（response）　学习（learning）

行为（behavior）　结果（results）

图6-5　培训效果评估的四个层次

（1）反应

这是培训效果评估的最低层次，可利用问卷来进行评估，比如，问以下问题：受训者是否喜欢这次培训？是否认为培训师很出色？是否认为这次培训对自己很有帮助？哪些地方可以进一步改进？

（2）学习

这是培训效果评估的第二个层次。在这个层次上最常使用的方法是，书面测试、操作测试、等级情景模拟等方法。主要对受训者是否掌握了较多的知识、较多的技能，是否改变了态度等进行评估。

（3）行为

这是培训效果评估的第三层次，可以通过上级、同事、下级、客户等相关人员对受训者的业绩进行评估来评估，主要评估受训者在受训后行为是否改善，是否运用培训中的知识、技能，是否在交往中态度更正确等。

（4）结果

这是培训效果评估的最高层次，通常可以通过事故率、产品合格率、产量、销售量、成本、技术、利润、离职率、迟到率等指标来评估，主要评估受训人员受训后绩效是否得到了改善。

培训评估的四个层次运用比较多的是反应、学习两种。行为与结果评估由于实施难度较高，对评估人员要求过高，而且流程烦琐，费时、费力、费钱，所以，运用相对比较少，不过在一些大型企业的应用比较普遍，这可能也是成为优秀企业的一个重要因素。

6.6　与受训员工签订竞业限制

很多员工获得培训机会之后往往会选择跳槽，这是任何企业都不愿意看到的！谁也不会眼睁睁地看着自己辛辛苦苦培养起来的人才白白流失。人才的流失不仅造成了人才的紧缺，更重要的是造成巨大的经济损失。

案例6-5

某高新技术公司花费十余万元送员工李某出国培训，回国后双方签订了一份5年期的劳动合同。没想到的是，合同刚履行3年，李某就主动离职了。李某走后，原公司其他技术人员掌握不好关键技术，产品质量下降，导致大批退货及积压，造成直接经济损失50万元，原单位为挽回经济损失，向法院提起诉讼。

由于另一公司在没有明确李某是否与原单位解除劳动合同的情况下，高薪将其聘用。也一同被该公司告上法庭。

这个案子的处理结果是李某违背合同私自跳槽，属违约行为，应当承担赔偿责任；而另一公司招用了未与原单位解除合同的李某，给原用人单位造成了经济损失，应承担连带赔偿责任，其赔偿的份额应不低于损失总额的百分之七十。

聘用李某的这家公司吃了哑巴亏，有苦说不出。而与李某签订了劳动合同的原单位则维护了自己的利益。

为了提高员工的工作技能，为了储备更多的人才，多数企业都会努力给员工创造条件以进行必要的培训。对一些重点部门、骨干型员工还会提供出国深造的机会。这对员工本人，对企业，本是双赢的，而员工的无故离职却让企业犯了难，关键岗位的关键性人物，由于这些人往往掌握着企业的经营策略、核心技术，跳槽后无疑会带走大量企业秘密，直接对企业造成威胁、带来损失。

为了避免这种情况的发生，业界几乎有一个非常统一的做法，就像案例中的做法一样，即与员工签订一种协议性的文件。比如，培训协议、保密协议、竞业限制协议等。目的就是很好地对员工进行约束和监督，保护自身利益，限制恶意竞争。

这是符合法律规定的，根据《中华人民共和国劳动合同法》第二十三条规定："对负有保密义务的劳动者，用人单位可以在劳动合同或者保密协议中与劳动者约定竞业限制条款……"这里的"竞业限制"就包括培训协议在内。而且"竞业限制"对企业的知识产权、商业秘密进行了界定，明确指出即使跳槽，也得履行完合约，否则要负违约的法律责任。

接下来，就来详细了解一下带有限制性的协议。

（1）什么是竞业限制条款？

竞业限制条款，是指用人单位对负有保守企业秘密和商业机密义务的劳动者，在劳动合同、知识产权方面约定的一种协议。通常要求，在一定期限内，签订合同的员工不得擅自生产、经营与原单位有竞争关系的同类产品；也不得在生产、经营与原单位有同类业务或有直接竞争关系的单位任职。

竞业限制条款通常附在劳动合同中，并在合同其他条款约束力终结后才开始生效。换句话说，就是在终止或解除劳动合同后，此条款才对劳动者有约束力。

（2）哪些员工需要签订竞业限制条款？

根据《中华人民共和国劳动合同法》的相关规定，竞业限制条款不是对所有员工而言的，只针对企业中那些关键岗位、关键部门的核心人员和骨干员工，主要包括如图6-6所示的五类。

1　掌握着关键职位的中、高层管理人员

2　掌握着核心技术的研究开发、技术人员

3　特殊的技术工人

4　销售人员

5　财会人员、机要秘书人员等

图6-6　竞业限制条款包括的五类人

（3）有哪些潜在的不确定性？

尽管相关法律对签订保密协议和竞业限制协议各方面进行了规定，对企业是有利的，但也不排除潜在的风险性，在具体的操作过程中也会存在很多不确定的因素。

具体不确定因素如表6-5所示。

表6-5　保密协议限制因素和不确定因素

限制因素	内容	不确定因素
人员不确定	高级管理人员；高级技术人员；其他负有保密义务的人员	其他保密人员不明确
期限不确定	竞业限制的期限不得超过两年	最长期限不明确
补偿金额不确定	签订合同后，企业应当向劳动者支付经济补偿，并按月发放	具体补偿数额可由双方协议约定
违约金额不确定	劳动者违反竞业限制约定的，应当按照约定向用人单位支付违约金	具体补偿数额可由双方协议约定

竞业限制条款，不仅仅是保护企业商业秘密，也是保护员工利益的一种手段。因此，法律在对保密协议或竞业限制协议进行明确规定的时候，还隐藏着很多不确定因素。对企业而言，如果不注意这些，即使签订协议也不受法律保护，不但不能起到保护的作用，反而会增加一笔额外的赔偿费用，承担相应的法律责任。

"竞业限制"限制的不仅仅是员工一方，对企业也有很多限制。比如，在劳动合同或者保密协议中约定竞业限制条款时，须同时约定相应的经济补偿。在终止或解除劳动者劳动合同后应当给予劳动者。且该经济补偿标准、数额可由当事人自行约定。

6.7 与受训员工签订保密协议

每个企业都有自己的商业秘密，比如，生产工艺、产品配方、客户名单、货源情报、产销策略、招投标等。这些信息一旦泄露出去，将会对企业造成重大损失，然而受训员工的跳槽无疑增加了这种危险性。

案例6-6

日立公司有个特殊的规定，任何一名员工在参加企业培训之前，都必须先签订一份保密协议，目的是防止泄露企业的商业机密。

刘某是该企业的技术骨干，企业派他到国外进行业务培训，按照规定，双方签订了保密协议。协议规定：接受培训后至少得在本企业服务满3年，如果中途毁约则要赔偿相应的经济损失。

刘某接受了协议的所有条件，深造回来后，在企业工作一年便提出辞职。企业则拿出附协议，表示让其赔偿为其支付的90000元培训费（当时出国受训花销90000元）。刘某认为，企业提出的赔偿数额过高。

企业向劳动争议仲裁委员会申请仲裁，仲裁委员会受理后，双方解除劳动合同，刘某赔偿企业90000元培训费。

上述案例是一起典型的企业维权事件，很多企业都会因员工跳槽而导致商业机密的泄露，因此做好信息的保密工作，是企业不可忽视的。企业与受训员工签订保密协议是合法的，当员工违反保密协议，将企业商业秘密泄露给他人时，企业就可以依照签订的协议来维权，并依据相应的条款要求赔偿。

那么，企业该如何与受训员工签订保密协议，最大限度地保障自己的权益呢？

（1）明确保密协议的定义

保密协议，是指协议当事人一方就某一保密内容告知另一方的书面约定，具有法律效力。保密协议可以分为单方保密协议和双方保密协议。

◇ 单方保密协议是指，一方对另一方单方面负有保密义务的协议，被约定人负有保密的义务，若有违反，将保密信息披露给第三方，将要承担相应的刑事责任。

◇ 双方保密协议是指，合作双方互相披露保密信息，并具有保密的义务，如有违反，任何一方都有追究责任人的权利。

（2）明确保密的内容

完整的保密协议通常包括六大部分，具体如图6-7所示。

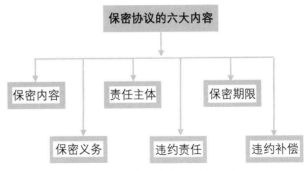

图6-7　保密协议主要组成部分

保密协议的内容必须是商业机密，一般的商业信息、知识技能和经验则不可作为商业秘密。需要注意的是，有些企业会对某些信息做强行规定被当作商业机密，但其本身不属于保密范围之内的东西，这种规定是无意义的，员工没必要遵守。

那么，具体什么是商业机密，其概念指向性并不明确。通常是指，不为公众所知悉、能为权利人带来经济利益，具有实用性并经权利人采取保密措施的技术信息和经营信息。仅仅从概念中并不能准确判断，而且不同的企业，不同的工作性质，商业机密的类型也有所差异。

因此，企业在判断是否涉及商业机密时需要认真鉴别，商业机密通常至少要具备如表6-6所列的三个特点。

表6-6　商业机密的三个特点

序号	特点
1	属于秘密的范畴，具有不为公众所知性
2	具有唯一性，价值性，能为企业带来巨大经济利益
3	签订合同后，企业应当向劳动者支付企业长期以来没有公开的，而且一直在采取措施全力防范的信息的补偿

三个特性缺一不可，只有共同具备时才可称之为商业机密。

（3）明确限制对象

即协议中应该履行保密义务的当事人一方，通常是指知悉、掌握商业秘密的员工。同时，限制对象的身份、职位等信息一定要在协议中注明。

（4）明确保密的权利范围

保密协议对于保密的内容是有严格限制的，通常来讲，只限于与本企业相同或相关的业务，而且存在利用商业机密从事不正当业务，恶意竞争，非法牟利的事实。所以，保密协议的保密范围要明确，不能擅自扩大，以影响到员工的正常利益。

（5）明确保密的期限

对于保密期限，没有明确的时间限制。一般而言，保密协议的期限应当取决于该商业秘密有效期，或在商业领域持续时间长短，以及责任人对这种机密的熟悉程度。当然，商业秘密的类型和性质不同，其保密期限也应当是不同的。

（6）明确违约责任

比如，当事人可事先约定违约金的数额，可以预先约定损害赔偿额的计算方法，要设定免责条款免除将来可能发生的责任。

（7）对价的补偿性

企业与员工签订保密协议，必须给予负有保密义务的员工一定补偿。因为保密协议是不随合同的解除而终止的，所以，员工离职后仍承担保守原企业秘密的义务，那么同时也享有获取相应补偿的权利。否则，势必影响到离职员工的切身利益和职业生涯。

保密协议是为保护企业利益而设，但一定要建立在自愿、公平、平等的基础上，不得含有违法行为，否则不受法律保护。保密协议与其他协议一样，首先必须遵循公平平等的原则才受法律保护。

绩效考核：
让每个人的业绩
轻松倍增

　　绩效考核是企业最为关注的内容之一。本章深度解析绩效考核的标准、指标、流程、结果运用、改进等几个方面。从不同角度告诉企业怎么抓绩效、怎么考核等，旨在帮助新人提升考核效率，使得企业各部门各员工实现更好的绩效。

7.1　绩效管理的概念

企业的整个绩效不仅是对组织和个人结果的监控，也是对整个过程的监控，于是从绩效考评上升到更重要的理论高度后，把它称为绩效管理。所谓绩效管理是指识别、衡量，以及开发个人和组织团队的绩效，并使这些绩效与组织的战略目标保持一致的持续性的过程。所以有两个重要的概念。

第一是要辨别需要的和不需要的，绩效就是把它们专门提炼出来，重点加以管理的过程。第二是要重点管理的那些绩效，要同整个机构发展的目标相吻合，这就是所谓的与组织战略相吻合，这也是一个非常重要的概念。

绩效管理通常被看作一个循环，这个循环分为四个环节，即绩效计划、绩效辅导、绩效考核与绩效反馈，如图7-1所示。

图7-1　绩效管理的四个环节

放在绩效管理整个体系中，绩效考核可以被看作是实现绩效管理的具体手段，是对绩效管理过程和结果进行测量的过程。因此，绩效考核被认为是企业绩效管理中的一个重要环节，深刻影响着企业绩效。

7.2　绩效考核的概念

在对绩效管理充分了解的基础上，再来理解绩效考核就不会太难了。绩效与考核本是两个完全不同的行为，但在长期的企业管理实践中，形成了一个约定俗成的管理制度和理念。下面就来了解一下绩效考核的概念，如图7-2所示。

按照学科 权威定义 的理解就是：

考核主体对照工作目标和绩效标准，采用科学的考核方式，评定个人（群体）的工作任务完成情况、个人（群体）的工作职责履行程度和发展情况，并且将评定结果反馈给个人（群体）的过程。

图7-2　绩效考核的概念

对绩效考核的概念，也可以利用分拆法去理解，将其分为五个要点，这些要点共同构成一个完整的过程，缺一不可，如图7-3所示。

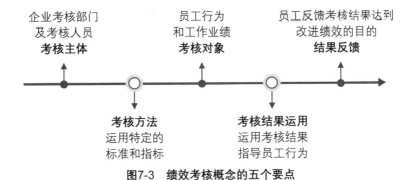

图7-3　绩效考核概念的五个要点

7.3　绩效考核的内容

在确定了绩效如何考核之后，企业要面对的首要问题就是考核什么？解决这个问题需要先确定考核的内容，这点搞不清楚，绩效考核就无从谈起。

案例7-1

某公司为了鼓励销售人员多与客户沟通，将每月的话费标准列入了考核中，并对每个人的月话费做了这样的规定：

不满200元者不予报销；200～300元者全额报销，超过300元的还有奖励。不承想，本是鼓励员工好好工作的措施，反而起到反作用，很多人在月底发现花费没有消费到预定额度，就开始大肆浪费，拨打私人电话，与家人、朋友闲聊，总之，就是将花费花销到300元以上。

该公司的问题究其原因在于考核内容设置不当，具体表现在：

第一，"多与客户沟通"不是一项最好的考核内容，因为它没有一个明确的、可衡量的标准，"多"到什么程度，没有具体的规定，以及该如何控制"多"的质量，比如，有的人确实很多，但大多是无效沟通也无济于事。

第二，将电话费消费额度当作衡量"多与客户沟通"的标准，更为不恰当，且很难控制范围。如果再增加些更为细致的、更便于控制的指标，比如，"沟通记录表""客户来往清单"，沟通次数、时间、内容等，将会更有利于考核。

类似的错误在很多企业的绩效考核中非常普遍，这说明尽管绩效考核已经被大多数企业所接纳，但在具体的操作上并不那么理想，最突出的问题就是考核什么？也就是这节所说的无法确定考核内容。

绩效考核的内容包括三大基本内容，即员工的工作态度，发生的工作行为和达到的工作效果，这也是绩效考核的基础，如图7-4所示。

图7-4 绩效考核的三大基本内容

三大考核基本内容决定了考核的内容，这也是企业接下来制订更为详细的考核计划的蓝本。接下来将对其分别进行详细阐述。

（1）工作态度

工作态度，在绩效考核中是一个非常重要的内容，不同的工作态度会直接影响到员工的行为，进而影响到最终的结果。良好的工作态度是前提，是良好工作业绩的必要条件，只有态度正确，工作能力才能够通过内外部环境发挥出来。很多企业将工作态度当作首要的考核内容，这是因为一切都源于有一个好的态度，否则，即使再有能力也很难有高业绩。

工作态度包括积极自信、忠诚可靠、富有创造性、富有协作精神等，对这类内容的考核，由于很难有明确的考核标准，考核起来难度较大。

（2）工作行为

行为是完成预期工作目标的过程，比如，某个项目目标是1个月完成，其中可分解成更具体的目标，比如，周目标、日目标。每个目标就是一个行为，这就会产生更多的具体行为。具体行为着眼于员工做了什么，也就是对员工工作过程的控制，是考核的重中之重。

　　所以，工作行为通常指与工作有关的一切行为和过程，对工作行为的考核一般需分等级进行，而且每个等级都需要设置明确的考核标准。

（3）工作效果

　　工作效果是通过合理行为取得的最终结果，达到的目的，反映了该员工在自己的岗位上对企业的贡献度。即工作产生的结果，考核要着眼于干出了什么，而不是干什么，将考核重点放在结果上。比如，一位销售经理预定的月销售额是500万，月中考核中发现超额完成100万，这就是一个好的结果。以及这个结果是如何产生的呢，这就是考核的重点。

　　对工作态度、工作行为、工作效果的考核共同构成了一个完整的考核项目，三者缺一不可，不可偏颇。否则都有可能造成考核的不客观、不公正。

7.4　考核标准：界定考核的"尺度"

　　标准是人们说话、做事的一种行为规范，只有有了标准，才能分辨出好与差、强与弱、进步与落后。同样，对于做好绩效考核工作，也需要一套严格的标准来规范和约束。

案例7-2

　　海尔集团是我国民营企业中的杰出代表，早在2000年，张瑞敏就提出了"OEC管理法"，如今一直沿用。这是一种什么管理方法呢？据悉OEC管理是一种非常先进的考核机制，由三个基本系统构成，即目标系统、日清控制系统和有效激励机制。

　　这套机制有明确的考核标准，甚至具体到了每天，每个工作环节，从而保证在最短的时间内对被考核者的绩效进行考核。其中的日清控制系统是海尔自始至终在使用的，对此，张瑞敏总结出了三大好处：

　　首先，能较为清晰地记录员工的工作过程，这对绩效考核提供了一手资料，大大促进了考核的准确性和及时性。

　　其次，能对员工的工作绩效进行及时评估和反馈，使每个员工在较短时间内了解自己的优点与不足，有利于及时地改进。

> 最后，大多数考核者在对工作业绩进行考核时，会受到外界因素的影响和干扰，间隔时间会延长。而且间隔时间越长误导性就越强，这样的话很多都是凭借主观感觉，考核的有效性会就大打折扣。日清控制将考核周期控制在了天，真正做到日事日毕，有效地避免了考核人员受外界因素的干扰。

海尔集团正是靠着先进的考核体系，才能屡屡创造中国企业界的奇迹，其工作效率、创新能力遥遥领先。当然，多数企业没有海尔集团的资源优势与管理优势，还难以形成日事日毕的考核体系。至少说明拥有一套科学的、合理的、完善的考核标准，是做好考核工作的前提和保障，没有这个前提，这个保障，所有的工作就像一盘散沙，无法很好地融合在一起。

那么，企业如何来制订符合实际需求的考核标准呢？可从以下两大方面入手。

（1）了解绩效考核标准的三要素

绩效考核标准是对绩效的数量和质量进行监测的准则，通常由强度和频率，标号及标度三个要素组成，如图7-5所示。

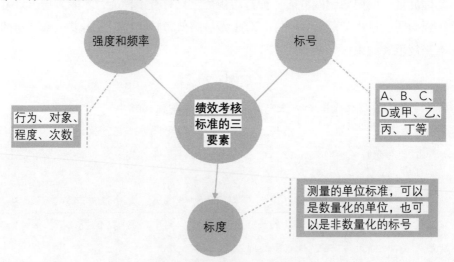

图7-5　绩效考核标准的三要素

① 强度和频率。是指待衡量的各种行为、对象、程度、次数等，是考核标准的主要内容。

② 标号。是不同强度和频率的标记符号，通常用字母（如A、B、C、D等）、汉字（如甲、乙、丙、丁等）或数字来表示。标号没有独立意义，只有赋予它某种意义时才具有意义。

③ 标度。是用来测量距离、数额或数量的标准，是考核标准的基础部分，与评价的计量、计量体系有密切的关系。它可以是定量的，也可以是定性的。比如，定量的可以是常用的测量尺度、数量化的单位，比如千克、米、厘米等；定性的可以是模糊尺度集合、非数量化的单位，比如，点、线等。

（2）明确制订绩效标准的原则

标准由人制订，同时为人服务，因此，企业在制订标准时先要考虑的就是实用性。即标准能否最大限度地为企业、为被考核者服务。只要能把握住这个大方向，很多问题就能迎刃而解。一般来说，绩效考核标准的建立，必须遵循以下八个原则，如表7-1所示。

表7-1　制订绩效考核标准的八个原则

序号	原则	内容
1	一致性	是指要充分反映企业的发展目标和战略意图，服从企业的整个管理活动的宗旨和利益，并且能够引导更好地认识企业、忠诚于企业
2	规范性	绩效标准要在一定的制度和体系中运行，只有制度化，规范化，才能有助于绩效考核活动的开展，从而实现公司的高效运转
3	效度	是指反映被考核者的绩效程度，也就是说绩效标准要保证其有效性
4	信度	是指绩效考核的准确性。即绩效标准要能准确地反映考核结果
5	透明性	即考核的标准需要面向大众，接受被考核者的检验，引导被考核者都对标准有个准确、清晰的认识
6	明确性	即能够对员工有明确的衡量、判断，或指导作用，含糊不清的标准是毫无意义的
7	可接受性	要能够被考核者接受和认可，即员工能够接受和理解的标准才是可行的标准
8	操作性	是指绩效标准要具体、明确，利于执行，这是针对考核者而言的

（3）结合考核标准的特性

制订绩效考核标准，除了明确其概念和原则外，还需要结合标准本身的特性：即要有完整性、协调性和比例性。

① 完整性。即各种标准相互补充，扬长避短，共同构成一个完整的整体，全面反映了标准体系的配套性特征。

② 协调性。即各种标准之间在相关质的规定方面的衔接，相互一致协调发展。协调性反映了标准体系的统一性与和谐性。

③ 比例性。即各种标准之间存在一定的数量比例关系。比例性反映了标准体系的统一性与配比性。

制订考核标准至少要能解决两个问题，即数量和质量：数量问题是指被考核者应该做什么，任务、职责、工作要点；质量问题是指被考核者应该做到什么程度，应该怎样做，达到何种标准，这是工作质量方面的问题。

7.5 考核程序：按流程办事效率高

绩效管理作为一个系统性极强的工作，必须建立在科学、合理的程序上，只有流程化才能高效运作。然而，程序问题对企业来讲却又是最不容易把握的，尤其是如果没有一定的经验，往往会令整个考核工作陷入混乱状态。

案例7-3

浙江兴盛机械有限公司是一家集科研、生产、销售于一体的专业生产厂家。该公司员工工作都很努力，但每到考核时很多人对考核结果仍不满意，直接影响到这些人的工作积极性。

这是因为考核程序出了问题，以生产车间的考核为例。该公司的业务流程是这样的：

公司接到客户的订单后会直接分配给下面的分厂，具体任务全部由分厂自行安排；各分厂又将任务分配各车间，车间再分配给各生产人员，这样层层下放，每个环节都是相互独立的，上一级只要最终结果。

而在对一线员工业绩进行考核时，则是根据业务流程进行的。即由最高层下达指标，直接考核。由于主管考核的部门和人员缺乏对一线情况的了解，这样一来就很容易出现考核者与被考核者的脱节，结果一场考核下来员工甚至搞不清楚问题究竟出在哪个环节。

问题出现后，该公司改变了考核程序，即把整个生产流程分割成一个个单独的小工序，每道工序由主管部门直接考核，最后统一上报考核结果，企业根据各部门上报的考核结果进行最终的分析和汇总，找出最终的问题。

这样，效果就立刻体现出来，员工的积极性不但提升了，而且目标达成率还达到了90%。为什么之前的完成效果很差呢？因为车间五道工序中的任何一道出了问题，都影响一个订单的最终完成，99%的工作都成了无用功。而采取分段控制则可以避免某一工序对整个工序的影响。

由此可见，时间越短，控制越好。要想控制好，就必须优化考核程序，最好控制在一个比较小的范围之内。考核没效果，不到位，一切都是程序出了问题，实现高效考核的前提就是要有一个科学合理、简单高效、目标明确、衔接顺畅的流程。那么，绩效考核一般有哪些程序呢？基本上有两种：横向和纵向，如图7-6和图7-7所示。

（1）横向程序

横向程序，是指按绩效考核工作的先后顺序进行的过程，这一过程主要包括绩效界定、绩效衡量、绩效考核分析与评定和绩效反馈四个环节，如图7-6所示。

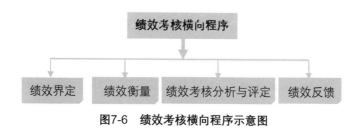

图7-6 绩效考核横向程序示意图

接下来分别对这四个环节一一解释。

① 绩效界定。绩效界定即是确定待考核的项目，并对该项目进一步加以明确。比如，对某岗位进行考核，就需要明确该岗位的职责、主要任务、特征以及特殊要求，或者对该职位的员工有什么期望，需要展现哪些态度、能力和行为等。

② 绩效衡量。这一环节是对被考核者的绩效进行考评和衡量的过程，检验被考核者的实际绩效与预期绩效的差距。值得注意的是，在此环节企业要事先确定合适的考核人员，必要时对考核人员进行培训，以最大限度地避免考核的主观性和随意性。

③ 绩效考核分析与评定。即对考核结果进行分析与评定，分析和评定的方式是将考核记录与既定标准进行对比，通过对比和分析得出最终结果。

④ 绩效反馈。被考核者有权了解考核的结果，并对结果提出意见和建议，被考核者向绩效考核主管部门或人员进行反馈的过程，被称为绩效反馈。绩效反馈可提高被考核者对绩效结果的接受程度和满意度，增强被考核者改进的意愿和主动性。

（2）纵向程序

纵向程序是指按企业层次逐级考核的过程。一般而言是由下而上的顺序，先对基层进行考核，再对中层考核，最后对高层考核，如图7-7所示。

① 对基层的考核。纵向程序往往是以基层为起点，由基层部门管理人员对其直属下级进行考核。考核的内容包括员工的能力、品行，以及工作态度、行为和工作结果，模板如表7-2所示。

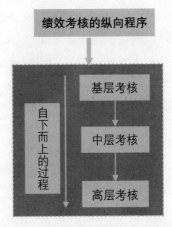

图7-7　绩效考核纵向程序示意图

表7-2　企业基层员工考核表模板

姓名		性别		年龄		部门	
评价日期		任职时间				职位	
评价标准和操作说明							
考核项目	完成情况	考核标准			自我评价	上级评价	
工作绩效							
工作能力							
工作态度							
团队合作							
个人发展							
主要工作改善建议（个人填写）							
工作期望（主管填写）							
上级主管审核意见						签名	

② 对中层的考核。中层是企业的中坚力量，起着承上启下的重要作用，因此也是考核的重中之重，待对基层考核之后，就要上升到对中层的考核，内

容包括中层管理人员的能力、品行，工作行为，还有更重要的一点是对部门业绩的考核，模板如表7-3所示。

表7-3 企业中层管理人员考核表模板

姓名	部门		职务	考核层次		评价尺度
本部门经营策略						
考核方式	上级考核	所占比重		50%		优秀10
	同级互评			15%		良好8
	自我评价			15%		一般6
	下属测评			20%		不及格4
考核项目	完成情况	考核标准			评分	权重系数
工作绩效	完成量 达成率 质量 速度					
工作能力	职务技能管理能力 协调能力 沟通能力 ……					
工作态度	工作态度 执行力 品等言行 ……					
评价等级						
考核者意见						

③ 对高层的考核。最后是对高层的考核，这层考核主要针对企业高层领导、主要部门负责人和董事会成员。对公司高层进行考核，考核的主要内容是领导能力、计划能力、预见能力，以及经营效果方面。看其能否从战略高度把握企业的发展方向，能否用科学的方式去管理、做决策。

另外，对高层管理人员业绩的考核也是非常重要的一个方面。即哪些可量化的目标达成指标，比如，对股东负有直接责任的财务指标，涉及股东回报率、资产回报率、销售增长率以及产值、利润、成本等指标，模板如表7-4所示。

表7-4　企业高层管理人员考核表模板

姓名		部门		职务		考核 层次		考核期	
经营重点和KPI指标（80%）									
序号		KPI		考核标准	权重	达成情况		达成情况	
1						自评	得分	上级考核	得分
2									
3									
……									
信息反馈					有关说明				
绩效改进和工作创新（20%）									
考核内容		自我总结			考评者期望				
业绩改进（10%）					评语				
					期望				
工作创新（10%）					评语				
					期望				
考核得分		考核者打分（80%）			自评打分 （20%）		合计 得分	考核 等级	
KPI完成（80%）									
业绩改进（10%）									
工作创新（10%）									

　　尽管企业的性质不同，经营策略不同，以及考核指标不同，但有一点是相同的，就是考核的程序，只要涉及绩效考核这一管理活动，就必须按照上述两种进行，或二选一，或两种并用，通常来讲，两者并用效果比较好。

7.6 考核方法：用对方法事半功倍

明确考核内容，有了考核标准和程序，接下来就应该考虑用什么方法去执行。正确的考核方法是考核得以实施的保证，而且不同企业，不同考核对象，所采取的考核方法也有所差异。

7.6.1 比较法

比较法，是以被考核者的绩效为基准，与其他被考核者相比，得出的一种相对结果。根据比较的方法不同，又可分为排序法、强制分布法、配对比较法三种，如图7-8所示。

图7-8 绩效考核的三种比较法

（1）排序法

排序法是考核者将待考核的所有员工绩效，按照优劣的顺序进行排位。排位的方式有两种，简单排序法和交替排序法。

简单排序法：是按照被考核者的绩效高低，或其他标准（工作职责、工作权限、岗位资格、工作条件、工作环境等）从高到低地直接排列出来的一种方法，如"1、2、3、4……"。这种操作简单，但由于随意性较大，运用范围比较小。通常仅适合考核的初级阶段，或考核量特大，考核人数特多的情况。

该方法也应用在工作评价上，由负责工作评价的人员，根据其对企业各项工作的经验认识和主观判断，对各项工作在企业中的相对价值进行整体的比较，并加以排队。如果考核的要素较多，一般还需要综合考虑各项因素，权衡各项工作在各项因素上的轻重程度。

交替排序法：先列出需要考核的员工，从中挑选出绩效最优者和最差者，最优者排第一，最差者排倒数第一；然后再在剩下的人员中挑选出最优者和最差者，分别列为第二和倒数第二，按照此操作反复进行，直到全部排完，最后可得到完整的排序。

举个例子：某部门总共8人；从名单中找出最好和最差的员工A、E，分别记作1和8；接着从剩下的人中再次找出相对较好或较差者，以此类推；最后剩下4和5，具体如表7-5所示。

表7-5　交替排序考核法示意表

部门： 员工人数8				
姓名代码	**序号**		**姓名代码**	**序号**
A	1		E	8
B	2		G	7
C	3		H	6
D	4		F	5

（2）强制分布法

强制分布法是按照事先制订好的分布标准，与被考核者的绩效一一对应起来，强行划分在某个区域中的一种方法。如10%为优秀、25%为良好、40%为中等、20%为合格、5%为不合格，在这种标准下，每个档次的比例是固定的，唯一具有变动性的是考核的人数。

比如，某部门共有20人，那么按照这个标准优秀的有2人，良好的为5人，中等的为8人，合格的为4人，不合格的1人，如图7-9所示。

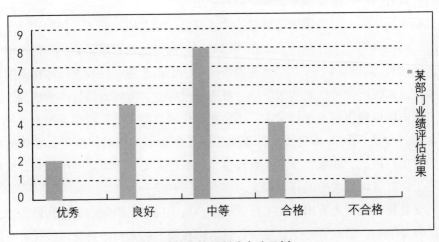

图7-9　绩效考核强制分布法示例

强制分布法可以避免考核结果过宽或过严，缺点是这是一种在某范围之内的相对比较法，超越该范围则失去比较的意义。再加上有些考核者过于注重层次的划分，缺乏灵活性，从而忽略了某些优秀被考核者的实际绩效。比如，有的部门员工绩效整体高于企业平均水平，如果必须强制安排在某个区域内，那么业绩优良的员工无法获得更公平、更客观的等级评定。

因此，这种方法只是针对某个范围，不可大范围推广。

比较法整体上来讲要求较低，操作简单，容易接受和广泛使用，可为考核提供直观的结果。但其缺点也很明显，即考核的可靠性和有效性比较差，自然无法完全反映被考核者的绩效。

（3）配对比较法

配对比较法，是将每位被考核者与群体其他成员进行一对一比较，而得出结果的一种方法。如甲与乙相比，甲好，乙次之，那么甲就记作"＋"，乙记作"－"；甲与丙比，甲好，甲记作"＋"，丙记作"－"。当把所有的被考核者进行一一比较之后，计算每位被考核者得"＋"的数量，按照"＋"的多少进行排序，"＋"越多表示越优秀，具体方法如表7-6所示。

表7-6　配对比较法示意表

被考核者	A	B	C	D	+ 的个数
A	－	－	＋	＋	2
B	＋	＋	＋	－	3
C	＋	＋	＋	＋	4
D	＋	＋	－	＋	3

这种方法最大的优点是考核比较彻底，结果比较客观，更接近考核者的实际绩效；缺点就是操作起来较复杂，耗费时间较长，因此比较适合考核人数较少，规模较小的企业或部门。

7.6.2　特性法

特性法是指，在分析员工所表现出来的某些特征的基础上，以表现最为明显的那个特性作为考核的一种方法。比如，对企业的贡献度，对企业的忠诚度等，考核时会给每一项特质一定的分值，五分或十分，然后，辅以"普通""中等""符合标准"等描绘性的词语，最后得出结果。

特性法又可分为两种，评级量表法和等级择一法。

（1） 评级量表法

把被考核者的绩效分成若干考核项目，每个考核项目设一个量表，由考核者根据一定的标准进行考核。涉及的考核项目及评定标准如表7-7所示。

表7-7　评级量表法考核项目及评定标准

考核内容	考核项目	考核衡量标准	评定
基本知识	知识面	具备职责范围所要求的基础知识和业务知识	A B C D 10 8 6 4
业务能力	理解力	充分理解上级的指示和圆满完成本职工作的任务	A B C D 10 8 6 4
	判断力	充分理解上级的意图，正确把握，并能随机应变，恰当处理突发情况	A B C D 10 8 6 4
	表达力	具备现任职务所要求的表达能力，包括口头表达和语言表达	A B C D 10 8 6 4
	交涉力	能够与企业内外部人员自如交涉，具备使双方愉快合作、达成协议的能力	A B C D 10 8 6 4
	纪律性	严格遵守企业的各项制度，按时进行上下班、工作汇报等	A B C D 10 8 6 4
	协作性	充分考虑他人的处境，主动协作上级、下属做好工作	A B C D 10 8 6 4
	积极性	对于分配的任务高效、高质量地完成，主动承担职责外的工作，具备挑战困难，敢于勇于创新的能力	A B C D 10 8 6 4
评定标准		权重分配（100分为准）	合计分数
A理想状态	A	80分以上	
B达到要求	B	70～80分	
C基本达到要求，略有不足	C	60～70分	
D无法达到要求	D	60分以下	
评语			
考核人签字			

评级量表法是一种量化考核，将影响被考核者绩效的每一因素反映了出来，可谓是一种非常全面的考核方法，常常被当作员工加薪、晋升的主要依据。

（2）等级择一法

通过对考核项目赋予一定的评级，然后进行划分，根据划分的标准对被考核者做出评价。比如，在评价某项考核项目时，可根据需要划分为若干个等级，A、B、C、D、E等，而且每个等级都要事先确定明确的标准。详见如下。

对工作成绩的等级划分：

A——工作非常出色，从未出现任何差错；

B——工作成绩优秀，几乎没有出现差错；

C——工作达到标准，略有差错；

D——工作较差，差错比较多；

E——工作成绩特别差，经常出错。

对工作态度的等级划分：

A——工作热情高，责任心强；

B——工作热情比较高，责任心比较强；

C——责任心还可以，但很难说认真负责；

D——有时表现不负责任；

E——缺乏工作热情，凡事不负责任。

这种方法与量表法有异曲同工之妙，不同的是在表示方法上有所差异。没有进行评分，取而代之的是采用一些富有等级含义的描述。

特性法的缺点是完全靠考核者的主观判断和心理感觉去考评，主观意识比较重，很多时候有模糊不清或者没有确切定义的地方，因此无法有效地给予行为引导，无法对被考核者提出具体的反馈。

7.6.3　行为法

行为法，顾名思义是依据被考核者某种行为来考核的方法。在运用这种方法时首先需要利用各种技术对考核行为加以界定，然后再评估这种行为对工作绩效的影响程度。

行为法包括四种，分别为关键事件法、行为锚定等级评价法、行为观察评价法、行为对照表法，如图7-10所示。

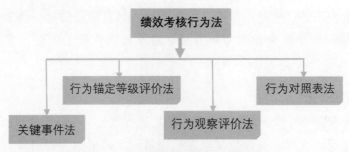

图7-10　绩效考核行为法的四种方法

（1）关键事件法

关键事件法，是指摘取被考核者在工作中表现出来的极成功或极失败的事件，对其进行分析和评价来考核其绩效的一种方法。这种方法源于1949年，福莱·诺格（Flanagan）在《人事评价的一种新途径》一书中提到。20世纪40年代逐渐在企业人力资源管理领域开始应用，具体解释为，通过关键性事件来系统地反映、考核实际工作的绩效和行为。

关键事件法的核心是"关键性的事件"，通过收集被考核者工作中某个重大事件或关键事件来总结、分析绩效的表现，或存在的问题。由此可见，运用关键事件法最主要的就是确定关键性事件，那么，企业该如何确定这些事件呢？大致可分为三个步骤。

① 确定选择关键性事件的标准。选择什么样的事件，要有严格的筛选标准，一切以有利于绩效考核目的实现为基准。

② 对关键性事件进行提炼。关键事件法不仅仅是指一件事情，还可选择一组相关事件。然后对其进行分析、提炼。

③ 编制典型情景，是对关键性事件加工和优化的过程，毕竟不是所有的事件筛选出来即可直接利用，还需要对其进行进一步定位，使之符合考核的特定要求。这也是考核中最核心的一步，决定着考核最终的成效。

关键事件法的优点是，行为的可观察性、可测量性，也正因为大部分焦点都集中在职务行为上，所以通过这种职务分析可以明确确定此行为给绩效带来的利益和作用。缺点是，比较费时，需要花大量时间去收集那些关键事件，并加以概括和分类。另外，就是关键事件的定义是显著的对工作绩效有效或无效的事件，但是，这就遗漏了平均绩效水平。

（2）行为锚定等级评价法

将同一职务工作可能发生的各种典型行为进行评分度量，建立一个锚定评分表，以此为依据，对员工工作中的实际行为进行测评分级的考评办法。

具体操作方法如下。

① 确定构成该岗位工作绩效的重要维度；收集大量能够代表被考核者工作绩效的典型行为。

② 将每个维度和最能代表它的典型行为相搭配；确定评定等级，从优到劣、从高到低依次排列，在此基础上建立锚定等级评估表。以某10个考核对象为例，分别分为10个考核等级，总评分20分，如表7-8所示。

表7-8　行为锚定等级评估表

核定项目/项目数	合计分数									
	A	A−	B	B−	C	C−	D	D−	E	E−
0						2	1	0	−1	−2
1					4	3	2	1	0	−1
2					5	4	3	2	1	0
3				8	6	5	4	3	2	1
4				8~9	7~8	6	5	4	3	2
5			12	9~10	8~9	7~8	6	5	4	3
6			12~14	10~11	9~10	8~9	7~8	6	5	4
7			13~14	11~12	10~11	9~10	8~9	7~8	6	5
8		15	13~15	12~13	11~12	10~11	9~10	8~9	7~8	6
9	19+	16	14~15	13~14	12~13	11~12	10~11	9~10	8~9	7
10	20+	18	15	14~15	13~14	12~13	11~12	10~11	9~10	8

③ 最终确立工作绩效评价体系。该体系中每一个工作绩效要素都将会有一组关键事件（通常6到7个关键事件），每组关键性事件称为一个"行为锚"。

这种方法的优点是，基于事实进行分析，通过典型行为的收集和锚定，对工作绩效能有全面的认识，便于被考核者接受考核结果，提高反馈的积极性。缺点是与关键事件法类似，时间成本较高，难度较大，量表的建立专业性强，适用范围较窄；在考核时易受近因效应的干扰。

（3）行为观察评价法

在关键事件基础上，对员工在整个考核期内的每种行为发生频率进行评价。

具体做法是先确定需要衡量的绩效维度；将每个维度分成若干个具体的工作行为，并设定对应等级，考核者在进行考核时将员工的行为与每个等级标准进行比较，得出该员工在每个行为上的得分和在维度上的总得分。

这种方法的优点是能够区分高绩效和低绩效行为；保持客观性；能够提供反馈信息；便于满足培训需要。缺点是，所需的信息量较大，往往会超出人的记忆最高限，尤其是当被考核者较多时，不宜采用这种方法。

（4）行为对照表法

这种方法又称为普洛夫斯特法，是根据美国人普洛夫斯特而设立的一种方法，因其创立而得名。基本思路是根据事实打分，然后根据得分评定等级。具体步骤如下。

第一步，制作"对照评价表"如表7-9所示，然后根据被考核者的工作事实进行逐项核定。

表7-9　普洛夫斯特对照评价表1

1次评估	2次评估	3次评估		1次评估	2次评估	3次评估	
□	□	□		□	□	□	
□	□	□		□	□	□	
□	□	□		□	□	□	
□	□	□		□	□	□	
□	□	□		□	□	□	
□	□	□		□	□	□	
□	□	□		□	□	□	
□	□	□		□	□	□	
□	□	□		□	□	□	

第二步，在上表中相应的"□"中打"√"。假如某一项与被考核者情况不符，就空过去，不影响考核结果。

第三步，对照"计分表"计算分值，如表7-10所示。

表7-10　普洛夫斯特对照评价表2

分数		分数	
−2		1	
−1/2		−1	
1		−1	
−1		−1	
−1/2		−1	
−1		−1	
−1		0	
−1		−1/2	

　　第四步，根据"换算表"换算评价等级。评价等级共为10等，具体如表7-11所示，即A，B＋，B，C＋，C，C−，D＋，D−，E＋，E−。评价等级的决定如下：比如，核定"＋"项目数为3，"＋"值为4分，"−"分值为10分，"＋""−"相抵总分为−6分，根据"普洛夫斯特评价法计分示例表"第4行第2列栏目，可找到"−10～（−5）"栏所对应的"评价等级"为E＋，E＋就是被考核者的评价等级。

表7-11　评价等级换算表

核定＋项目数	评价等级									
	E−	E＋	D−	D＋	C−	C	C＋	B	B＋	A
0	−12以下	−11～（−7）	−6～（−3）	−2～（−1）	0	/	/	/	/	/
1	−12以下	−11～（−6）	−5～（−3）	−2～0	1～2	3	/	/	/	/
2	−11以下	−10～（−6）	−7～（−2）	−1～1	2～3	4	/	/	/	/
3	−11以下	−10～（−5）	−4～（−1）	0～2	3～4	5	/	/	/	/
4	−10以下	−9～（−4）	−3～（−1）	0～2	3～4	5～7	8	/	/	/

续表

核定＋项目数	评价等级									
	E－	E＋	D－	D＋	C－	C	C＋	B	B＋	A
5	－9以下	－8～（－4）	－7～0	1～3	4～5	6～7	8～10	/	/	/
6	－9以下	－8～（－3）	－2～0	1～3	4～5	6～8	9～11	12	/	/
7	－8以下	－7～（－3）	－2～1	2～4	5～6	7～9	10～11	12～14	/	/
8	－8以下	－7～（－2）	－1～2	3～5	6～7	8～9	10～12	13～14	15	/
9	－7以下	－6～（－1）	0～2	3～5	6～7	8～10	11～12	13～15	16	17以上
10	－6以下	－5～（－1）	0～3	4～6	7～8	9～10	11～13	14～15	16～17	18以上

普洛夫斯特法的优点如下。

① 评价方法简单，只需对项目和事实进行一一核实，并且可以回避考核者不清楚的情况。

② 不容易发生晕轮效应等考核者误差。

③ 可以进行员工之间的横向比较，较好地为发放奖金提供依据。

④ 评价标准与工作内容高度相关，评价误差小，有利于进行行为引导。

⑤ 执行成本很小。

普洛夫斯特法的缺点如下。

① 评价因素/项目所列举的都是员工日常工作中的具体行为。无论如何，这种列举不可能涵盖工作中的所有行为。

② 设计难度大，成本高。

③ 由于考核者无法对最终结果做出预测，因而可能降低考核者的评价意愿。

④ 能够发现一般性问题，但无法对今后员工工作绩效的改进提供具体明确的指导，因此不是特别适合用来对员工提供建议、反馈、指导。

行为法是围绕员工的工作行为，来判定绩效好坏的一种评价方法，关键在于确定员工的行为与绩效的关联，行为的程度要与绩效的程度保持高度一致。因此难度较大，不适合太复杂的工作，不适合对较复杂的工作进行评价。

7.7 考核指标：科学、合理地制订指标，取得预期结果

考核指标是考核者评价被考核者工作绩效、工作能力、品行和态度的衡量标准。管理学上给出的定义是，按照一定的标准，采用科学的方法，对企业员工品德、工作绩效、能力和态度进行综合的评定和衡量。

一个完整的绩效管理链条必然离不开指标，它是进行绩效考核的基本标准，是绩效考核取得成功的保证，没有指标，就无从知道被考核者的现状，更无法对绩效进行评估和反馈。因此，确定考核指标成为建立绩效考核体系非常重要的环节。

那么，企业如何来制订并完善绩效考核指标呢？指标有多种分类，为了更好地了解指标有必要先了解这些类型，如图7-11所示。

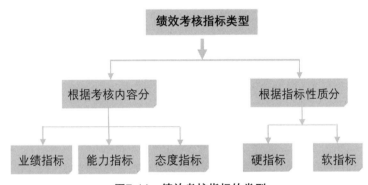

图7-11 绩效考核指标的类型

（1）根据考核内容分

①业绩指标。业绩指标是指衡量工作行为产生后果的指标，比如，完成的数量、质量、创造的利润、有效率等。这类指标与企业要达成的某个目标息息相关，评价结果直接反映了绩效管理的最终目的，可能为阶段性的目标，也可能为年度总目标。

业绩指标大致可分为四个层面，如表7-12所示。

表7-12 绩效考核工作中业绩指标内容

指标类型	考核具体项目
第一层面指标	投资资本回报率是企业考核指标中综合性最强的指标之一，用于考核具有投资中心的高层管理者最好的指标

续表

指标类型	考核具体项目
第二层面指标	与提高投资资本回报率有关的指标，用以考核在保持税后净营业利润不变的前提下，尽量减少投资资本的占用，或提高现有投资资本的利用率
第三层面指标	包括营业利润率、投资资本周转率、商品销售收入。商品销售收入又可以细分为不同产品类型、不同客户类型、不同市场的销售收入等，这些指标是考核营销绩效的核心指标
第四层面指标	包括毛利率、其他业务收入、投资收益、税务支出、营业费用、管理费用、财务费用、营运资本周转率、固定资产周转率等。具体指标的责任还要根据企业内部管理权限与组织架构而定，不同公司情况不同

② 能力指标。能力指标，是对针对被考核者个人能力而进行考核的一种指标，工作能力只有通过某个具体的指标才能反映出来，同时，也只有通过指标的引导能力才能逐步提高和强化。

能力指标通常包括管理能力、影响力、人际交往能力。如果再细分的话，人际交往能力又包括关系的建立、团队合作、解决矛盾的能力，具体如表7-13所示。

表7-13　绩效考核中工作能力指标

指标类型	考核具体项目
管理能力指标	管理
	评估
	反馈
	授权
影响力指标	沟通力
	说服力
	应变能力
	言行影响力
人际交往能力指标	关系的建立
	团队合作
	协调能力
	解决矛盾的能力

③ 态度指标。我们经常看到这样的现象：一个工作能力出众的人没有得到较高的工作绩效，而一名能力平平、兢兢业业的人得到的评价却很高。这就是工作态度产生的评估效果，工作态度指标就是专门针对员工在工作中表现出的激情、态度而进行评价的一类指标。通常包括积极性、协作性、责任性、纪律性等，这也在一定程度上说明了绩效考核的公平性，如表7-14所示。

表7-14　绩效考核中工作态度指标

指标类型	考核具体项目
积极性指标	积极学习行业知识、掌握工作技能
	对工作的抵触程度如何
协作性指标	是否能主动协助上级，帮助同事
	能否与同事保持良好的合作关系
责任性指标	对工作失误、造成损失的态度
	对工作的态度、能否负责任地完成
纪律性指标	是否按时上下班
	请假、串岗、离岗等情况
	是否经常在上班时间说笑打闹

（2）根据指标的性质分

① 硬指标。硬指标是指，以统计数据为基础，把统计数据作为主要参考信息，通过这些信息直接提取考核标准，最终获得结果的考核指标。硬指标常常以数据的形式表示，分绝对数量（如日产量100件）和相对数量（如产品合格率100%）。

硬指标优缺点都十分明显，在运用这类指标考核时，可谓喜忧参半。接下来，了解一下硬指标的优点和缺点，以做到扬长避短。

硬指标的优点：由于这种指标是以数学模型和统计数据为基础的，因此可靠性较高，很少受考核人主观意愿影响，无论谁去考核、什么时候考核，结果都出入不大。

同时，因大量数据、公式是相对固定的，可使用计算机和相关软件进行运算。因此，运用起来会便捷、效率更高。

硬指标的缺点：缺点在于，因要求建立数据采集来源，使用科学的统计技术，对基础工作要求高，如果考核人员技术较差，或收集的数据不充分、不可靠，直接会影响到考核结果。再加上，难以在考核中发挥考核人的主观判断，致使某些考核过程过于死板，不灵活。

② 软指标。软指标与硬指标正好相对，通常是指在调查取证的基础上，通过充分判断、分析、考核而得出考核结果的一种方式。也就是说，对被考核者主要靠考核者主观判断和分析，如"很好""好""一般"等。

运用这种指标，要求考核者对所要考核的对象有充分的了解，包括所从事的工作，工作的过程。在尊重客观事实的基础上，根据大量数据资料，知识和经验，充分发挥人的主观能动性，看到事物的本质，做出准确的考核。

这类指标的优势在于可以充分发挥人的智慧和经验，不完全受制于统计数据的限制，毕竟，很多东西是无法用数据完全体现出来的，对被考核者更加公平、公正。同时，其局限性也是明显的，即当考核所需要的资料不充分、不可靠或指标难以量化时，软性指标所能做出更有效的判断就十分有限。因此，仅仅通过软指标并对考核结果进行统计分析也是不可能的。

各类指标需要相互配合，综合运用，才能更好地发挥作用。将数据历史分析与人的主观能动性充分结合，扬长避短，互通有无，同时运用于绩效考核过程，实现科学判断和推理，共同提高考核指标在绩效考核过程中所发挥的作用。

7.8 绩效实施：正确选择、运用考核指标

指标的类型有很多，但在某一项考核中并不可以随便运用，或者一股脑地全部用上。而是要选择最能符合、体现被考核者特点的指标，这也是绩效考核的难点。因此，在运用之前，企业需要根据指标优劣势，结合被考核者的特点选择最合适的指标。

指标的选择大大影响着考核的效果。因此，想要准确考核某个项目就必须找出最适合这个项目的关键指标来。接下来就谈谈如何选择指标。

（1）根据指标的特性选择

与被考核者高度相符的指标一定符合"SMART"原则。SMART是由五个英文单词的首字母组成。即S = Specific（明确的）、M = Measurable（可衡量的）、A = Attainable（可达成的）、R = Relevant（相关的）、T = Time-based

（时限性的），如表7-15所示。这一理念最早由西方国家的管理专家提出，后开始在企业中普遍运用。

表7-15 绩效指标的"SMART"原则

符号	解释	意义
S	Specific	是指指标的具体性，即要用具体、明确的语言清楚地说明标准的要求、方法和能达到的目的
M	Measurable	是指指标要具有可衡量性，即指标应该是可量化的，或是明确的，而不是模糊的
A	Attainable	是指指标准要能够被考核者所接受，假如仅仅是利用一些行政手段，或者权利性的影响力，一厢情愿地强加给被考核者，则无法很好地反映真实的意愿
R	Relevant	是指指标的可实现性、可操作性，即指标应当是"能观察，可证明，现实而存在的"
T	Time-based	是指指标的时限性，即指标应当是有时间限制的，没有时间限制的指标没有办法考核，或者会带来考核的不公

（2）根据岗位的特点选择

不同部门、不同岗位，承担的任务也不同，对企业的作用不同。那么，在选择考核指标时也应有所侧重。即根据部门、岗位的性质、特点进行，比如，销售部选择考核指标时可侧重于销售额、回款率、回款速度等；而工程部选择的指标则可集中在工程的完成质量上、合格率上，以及安全事故的控制率上等。

（3）根据工作的总目标选择

指标是以需求为前提的，因此，一切指标都必须服务于考核项目的需求，只有有利于需求的指标才能被使用。反之，那些不符合需要的则可以摒弃。那么，以什么标准来检验是否适合需求呢？这就需要每个考核项目都要有明确的绩效目标。

举个例子，某部门全年工作目标完成1000万的项目，而去年最高额度800万，这就意味着今年至少要超额完成200万的任务才能达到目标。那么，接下来如何选考核指标呢？会不会直接考核这200万项目如何来完成呢？答案是否定的，而是要围绕衡量总目标指标进行。因此在选择指标时，原则只有一个，如何来完成1000万的项目。

（4）根据考核需求选择

有的企业在选择指标时，盲目追求数量而非质量，求全而无重点。这样看似公平，实则不是，花大精力设计和选择出来的指标，实施后对企业的效益并没有预期好。如果投入成本远大于收益，这就是亏，如果大家都在做亏损工作，企业效益就不会好。

选择指标善于抓重点，将更多关注放在重要考核上，按2/8原则，企业里20%的人创造80%的利润，20%的工作提供80%的价值。比如，一个房地产公司某项目需要赶工期，对其工程部的考核可以这样进行，重点考核工期的完成时间和质量，这两项的考核要占到70%以上，至于成本、安全性因素以及其他则可考核，或者不考核，如表7-16所示。

表7-16　根据考核需求选择指标类型

工期	40%（在质量合格的前提下计算工期、已体现基本质量要求）
质量	30%（在保证合格、不超成本线的前提下做出更好的质量）
成本控制	15%（配合预结算部门一起控制成本）
安全	10%
其他	5%

指标的选择直接关系着考核结果的公正性和合理性，因此，在选择指标时需要注意对其进行综合考量。既要考虑指标自身的问题，也要结合考核项目的具体情况，指标没有什么好坏优劣，只有合适与不合适之分。

7.9　绩效评估：分析结果挖掘深层原因

绩效评估，是指在一定时间范围内，针对被考核者在这一期间的表现进行评价，并定级的过程。这是绩效考核正式进入实施阶段的第一个环节，非常重要，不仅关系到整个绩效考核活动的质量和效果，还将影响被考核者的长远利益。因此，企业一定要知道如何做好绩效评估工作。

案例7-4

零点研究公司是一家提供企业管理、咨询服务的企业，也是目前国内最大的企业管理服务性企业，业务包括市场调查、民意测验、政策性调查和内部管理调查，业务范围也发展到全球45个国家和地区。

在零点研究快速发展的背后，真正依靠的是一支富有创造力和活力、配置合理的绩效评估制度。零点咨询十分重视绩效考核，尤其是在绩效评估结果的运用上贯彻得很到位、很彻底，从而促使员工充分发挥了自身潜能、始终保持高度的忠诚。

在集团领导和相关部门的大力支持下，人力资源管理部门通过绩效测评，为不同部门、不同层次的员工搭建了一个个适应他们发展需要的评估体系。

比如，评估前会进行充分的调研，与被考核员工进行细致入微的访谈，以了解更多的考核信息，同时综合被考核者工作现状及职业发展方向。由专业测评和资深的职业咨询专家组成考核小组，制订测评方案。再加上实施了配套的内外部培训，大大提升了员工的综合业务能力，从而实现企业和员工的共同发展。

这个例子表明：有效的绩效评估，使得员工对自己有了更明确的认识，从而提高业绩，在职业生涯中有更好的发展。

绩效评估的关键是评价和定级，这就需要考核者从多个方面获取大量的评估信息，做好评估工作的前期分析工作。那么，从哪些方面获取评估的信息呢？大致有五个途径，如图7-12所示。

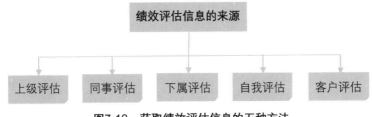

图7-12　获取绩效评估信息的五种方法

（1）上级评估

上级是指被评估员工的直接上级，主管或部门经理，在整个信息体系中，来自上级的评估信息往往是最不可少的，因为对于下属的表现，直接上级比任何人更了解，最具有发言权。因此从被评估者的上级那儿获取的信息无疑是最可靠、最值得信赖的。

这种获取方式的弊端在于：由于上下级之间的隶属关系，沟通往往不彻底。面谈时，如果下属的心理负担较重，会导致上级的评估失真；或者下属对上级有偏见，更无法保证面谈的公平公正性。

（2）同事评估

同事往往是与被评估者朝夕相处的人，观察得最深入、了解得最透彻，也是最熟悉被评估者的工作状况的人。因此，同事评估的优势也是不言而喻的，最大的优点在于能够全面、真实地提供信息。

不可否认，这种方法也有其固有的弊端，即正因为同事之间易于沟通、了解较深，致使同事之间往往产生利益冲突，从而导致主观上不愿意与自己平起平坐的人获得更高的评价，存在故意打压的嫌疑。

（3）下属评估

下属评估是针对高层或中层领导而言的，运用得不多，即使在欧美等企业中亦是最近10年来的事情。尽管是新生事物，但这对企业民主作风的培养、企业凝聚力的提高起着重要作用。在美国，AT＆T、通用电气、杜邦等大型公司纷纷引入了下属评估体系，取得了良好效果。

下属评估的优点主要在于：能够帮助上级发现问题，促使上级完善领导才能。同时，还可以起到权力制衡的目的，下属评估相当于一种监督，使上级在工作中受到有效监控，不至于产生过于自我的倾向。

由于这种方式存在不少弊端。比如，上级并不真正重视下属的意见，即使承诺改错，也只是口头说说而已，并没有真正付诸行动；下属对上级的工作，不可能有全盘的了解，为了避免报复，下属故意夸大上级的优点，隐匿不满等。

（4）自我评估

这是自我意识的一种形式，是被考核者对自己的思想、愿望、行为和个性特点进行评估的主要方法之一。自己才是最了解自己的人，同时也是最不了解自己的人，因此这种方式是非常有争议性的，一切都要建立在被考核者对自己有正确而客观认识的基础上。

因此，自我评估优缺点都很明显，优点如下：增强自我参与意识；更有利于自我改善，自我提高。同时，由于与其他人没有任何利益瓜葛，也是最容易体现真性情的方式，得到的信息往往是最客观、最真实的。

自我评估的劣势在于：如果对自己没有一个客观、正确的认识，评估往往会倾向于高估自己，与上级或同事评估产生较大差异。

（5）客户评估

客户评估是一个重要的信息来源，由于客户是外部人员，与被考核者没有直接的利益关系，因此很少受利益的左右，因此，评估会更加真实、公正。但由于是一种比较难控制的方式，缺点也很明显，主要表现在以下两点。

① 没有统一标准。由于每位被考核者接触的客户是不同的，不同客户的评估又有所不同，因此，很难有统一的标准。

②难以控制，效率低下。由于客户不属于企业内部人员，因此很难用企业的行政命令、制度进行约束，或者限时完成评估。

这五种评估方式，在具体实践中并不一定要求全部采用，需要采用哪种方式不仅仅取决于评价主体、评价方式本身，而且还与被考核者有关。

7.10 绩效面谈：根据反馈结果展开面谈

绩效反馈是通过考核者与被考核者充分沟通，对之前一系列考核活动的总结。比如，取得了哪些成绩，不足在哪儿，及如何改进不足等，并针对不足制订改进方案。

为了制订改进方案，最有效的途径就是展开面谈，考核人员与被考核人员就考核问题进行充分的沟通。

主管考核的相关人员必须主动沟通，从各个层面去准备，以便更多了解被考核者的情况。准备工作包括两个方面：一是时间、地点的准备和安排；二是相关材料和分析的准备。接下来就分别做介绍。

（1）面谈时间的选择

选择什么时间，对于面谈非常重要，一般来讲，最好选择双方都比较充裕的时间。而且面谈时间不宜太长，也不宜太短，需要根据实际情况进行调整。

另外，在时间的选择上还有一些细节需要注意，比如，不要在上下班的空档进行交谈，因为这个时间段最容易走神，难以集中全部精力进入面谈状态；面谈时间应提前确定，最好征询员工的意见，这既便于员工安排好手头的工作，又是对员工的尊重。

（2）面谈地点的选择

与时间的选择一样，面谈场所也大大影响着面谈的效果。原则上应选择受外界干扰最小的、相对封闭的场所。毕竟开放的场所可能使双方谈话时有一定的顾虑，不利于交流和沟通。像那种比较开放的办公区要尽量避免。

常见的面谈地点有以下几种，如表7-17所示。

表7-17 面谈地点的选择

地点	特点	适用范围
办公室	严肃、正式	性格外向，喜欢交际；或者凡有错误、屡教不改的人
自己家中	亲切、平等	增进了解，密切关系
室外	随意	性格内向，敏感多心
公园、酒庄、饭店等非正式场合	非正式面谈	情绪低落，意志消沉

不同的人适合不同的面谈地点，企业要根据被考核者的性格、为人处世的方式，以及具体的面谈事项而定。通常来讲，在以上几个面谈地点中办公室是最可靠的一个，因此特地介绍一下将办公室作为面谈地点时应注意的事项。

① 办公室的灯光不能太刺眼，也不能太昏暗，要让对方看到一颦一笑，一举一动。

② 面谈双方的位置要合适，可利用桌子的一角，呈90°角为宜，既能显示出一种友好随意的氛围，也有利于目光交流。

③ 面谈开始后尽可能创造出一种轻松、愉快的氛围，否则容易给人造成压迫感。

（3）面谈资料的准备

绩效面谈前有一个非常重要的准备工作不可忽视，即准备好面谈所需的相关资料。因为面谈不能仅告诉员工一个考核结果，更重要的是经过分析，让员工对绩效有个全面、正确的认识，让员工知道为什么产生这样的绩效，成功的地方在哪儿，失败之处在哪儿，应该如何避免等。

因此，在与员工面谈的时候要充分准备资料，比如，上期绩效考核表、绩效表现记录、沟通记录、工作总结和员工的职位说明书等。

具体来讲，应该准备以下四个方面的资料，如图7-13所示。

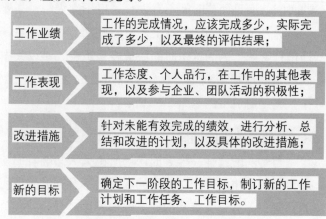

图7-13 绩效面谈应准备的资料

（4）把握面谈技巧

除了准备工作外，面谈还需要掌握大量的技巧，很多面谈失败不是因为准备不充分，而是在面谈过程中出现了这样或那样的问题，这就是方法不当，具体的面谈技巧有以下四个。

① 善于赞扬。赞扬是面谈的催化剂，员工都很在乎企业对自己的评价，而且希望得到认可。面谈中企业要注意对员工的优点提出赞扬，以减少员工的抵触情绪，尤其是在讨论不足之处时，可以先肯定对方取得的成就，然后再去谈存在的问题。

具体可按照以下流程进行，如图7-14所示。

图7-14 绩效面谈的四个基本流程

描述行为：明确清楚地告诉员工到底做了些什么，利用实际的例子，而不是简单概括，用客观和明确的词语来描述行为。

表达后果：用平和的语气去表达结果，并询问员工的感觉或观察员工的反应。

征求意见：询问员工的意见，或提出认为应继续的行为或更改的行为。所提出的建议要具体，并强调是针对个人的行为，而非针对其个性。

积极鼓励：以积极的方式结束谈话，向员工指出该行为改变后可能产生的积极效果，会给他带来什么好处。

为便于理解，可用一个具体的案例来加以说明。比如，主管发现了员工小李给客户的一份产品资料弄错了数据，于是在面谈中提出了这一问题，很明显这次面谈负面的反馈居多。具体如下。

第一步，描述行为。向员工描述错误行为的事实——"小李，你做的这份资料里有一个数据错了，这个数据是什么？"

第二步，表达后果。向员工阐述这种行为可能带来的不良后果——"提交给客户的每一份文件都是客户了解我们的窗口。如果你是客户，你想想看，如果你发现公司给你的资料有错误，你会对这家公司印象如何？"

第三步，征求意见。向员工征求关于改正错误的意见——"小李，你说该怎么办吧？"

第四步，鼓励员工。说明改进措施之于公司的价值——"对！如果我们每个人每时每刻都能这样做，会给公司树立起极好的形象。"

② 对事不对人。面谈中批评是必要的，但避免直接针对员工本人，尤其是绩效不理想的员工，会让他们对自己产生怀疑，或是失去信心，在以后的工作中自暴自弃或是择枝另栖。因此，批评要针对工作中存在的问题，或者员工的行为和结果。这也是为什么绩效标准建立在行为和结果上，而不是员工个人能力上的重要原因。

③ 重点放在问题的解决上。员工对绩效结果提出自己的意见和建议时，很容易造成与考核者相互责备，喋喋不休，陷入无止境的争论。这时，企业要尽量避免与员工展开争论，讨论是有必要的，但没有必要相互责备。而要把重点放在问题的解决上，尽快与员工达成共识，寻找问题的症结所在。

④ 不要对员工做没把握的承诺。一些企业为了激励员工，在面谈时喜欢开空头支票，比如承诺对方达到什么目标，就会有什么奖励等。如果企业有这样的政策尚可，但如果没有，而只是随意的承诺，这种承诺一旦无法兑现，就会使员工对企业产生怀疑，极大地伤害其工作积极性。所以不管承诺最终能否实现，这种所谓的承诺不要乱下。

通过绩效反馈和面谈，可及时收集员工对绩效考核的意见和建议，从而有利于绩效的改进，有利于员工绩效与企业绩效的提高。因此，绩效反馈必须贯穿于考核的整个过程，有没有问题都不能落下这个环节，有问题发现问题、解决问题，没问题也能够前瞻性地预防问题的出现。

7.11 绩效改进：诊断出问题，并指出不足

绩效考核重在解决问题，通过绩效反馈找出问题之后，就要尽最大的力量去改进。因此在对绩效考核结果进行反馈之后，接下来企业要做的就是帮助被考核者进行绩效改进，使之更完善、更合理，更符合企业和个人的需求。

案例7-5

沃尔玛曾经在中国试行了一项名为"心连店"的计划，就是尝试邀请公司那些非营运部门的员工们参与到对公司管理者的考评上来。简单地说，就是让不在超市一线工作的那些员工，以顾客的视角来评价超市的工作情况。

> 这些员工大部分来自财务、行政等后勤部门，他们虽然在连锁超市行业工作多年，但其实说起超市中的种种细致工作，却是不折不扣的门外汉。但硬币的另一面是，这些员工——大多数是女员工，作为超市顾客的经验却非常丰富；而且他们几乎不认识超市营运部门的员工，这就保证了评价的客观。
>
> 负责考核的人员会定期将考核结果，以及考核中发现的问题，总结的经验，比如，在顾客服务、产品质量、价格等方面都可提出自己的看法和建议，公司也将从中评选有价值的建议和意见，以报告的形式上报决策层，其中很多信息发挥了重要的作用，令负责人喜出望外，运用于实践为其他运营部门提供了经验。

在监督与反馈过程中，敏锐的洞察力与制度化的措施极为重要，前者是正确认知的过程，后者是合理充分应用的保证。反馈的方式具有多样性，可与个人薪酬、任用相关，可是企业理论性的总结，更可表达为操作方式、方法的研究。

绩效计划在实施过程中需要不断地改进，随时纠正已出现的偏差，或可能出现的隐患。以引导考核者按照正确的方向使用正确的方法前进。那么，如何才能做好绩效改进工作呢？

（1）明确待改进的项目

绩效改进的内容非常多，既可以是工作能力、方法等这些经过学习、培训短期内可以有明显提升的技能，也可以是与工作相关的态度、习惯等。需要改进的项目多并不意味着要全面改进，更何况有的项目在短期内无法取得明显效果。所以，只选择当前最为迫切的、相对容易的项目作为改进对象，这就要求企业一定要明确待改进项目情况。

图7-15　改进项目需要确定的问题

在确定改进项目时，具体可考虑如图7-15所示的四个问题。

（2）严格按照改进流程操作

绩效改进有一套完整的流程，在具体操作时企业必须知道有哪些流程，同时确保自己严格按照流程去做，规范操作。不能擅自改变，或忽略某个环节，否则会影响到改进工作的整体质量，改进流程如图7-16所示。

① 分析考核结果。对绩效结果进行分析，让被考核者认识到哪些方面做得好，哪些方面做得不好，以及与预期存在的差距。

图7-16　绩效改进基本流程

② 找出原因。帮助员工找出绩效中存在的问题，并针对存在的问题、差距分析落后的原因，找出有待改进的地方。

③ 改进方向。根据新的工作目标、要求，定位员工在某些方面存在问题，以明确对该员工有何要求、工作内容是什么，以及有什么样的期望值。

④ 确立新的改进方案。制订相应的绩效改进计划，确保计划有效实施。

⑤ 为改进提供必要的帮助。即具体的实施方案，包括改进方式、必要的检查计划、改进过程中所需的必要资助。同时，管理者要尽可能地为员工提供知识、技能等方面的帮助。

（3）绩效改进应遵循的原则

在绩效改进计划制订过程中，企业和被考核者既有相同的目标，又常常因立场的不同而产生分歧。分歧是暂时的，最终的归结点还是一致的，因此，在处理这些分歧上需要遵循一定的原则，具体如图7-17所示。

① 平等性原则。企业和被考核者之间是平等的关系，是共同为了绩效的提升而进行的合作，相互之间不能有上下、尊卑之分。

图7-17　绩效改进的五个原则

② 主动性原则。要相信被考核者，在制订绩效改进计划时多发挥被考核者的主动性，更多地听取他们自己的意见。

③ 指导性原则。企业要给自己一个正确的定位，即辅助被考核者进行绩效改进，提出中肯的建议、辅导，并提供必要的资源和支持，而不是主宰一切，企图改变和支配对方。

④ SMART原则。绩效改进计划同绩效考核计划一样，其制订时也要符合SMART原则，即做到具体的、可衡量的、可达到的、现实的和有时限的。

⑤ 发展性原则。绩效改进计划的目标着眼于未来，所以在制订与实施计划时要有长远的、战略性的眼光，把员工个人的发展与企业的发展紧密结合起来。

绩效改进计划的目的在于使员工改变其行为。为了使改变能实现，除了依照绩效考核结果进行之外，还必须符合员工的意愿，围绕员工自己想改变的愿望进行，这样才能使改进后的绩效计划更有针对性。

第 8 章

薪酬管理：人力资源管理体系的重要组成部分

　　薪酬管理包括薪酬体系、薪酬结构、薪酬计划、薪酬预算和分配的制订和实施。是企业完善人力资源管理工作的一个主要部分，也关系着每位员工的切身利益。因此，建立一个科学、合理的薪酬管理制度不仅是企业发展的需求，更是员工切身利益的需求。

8.1 绩效考核与薪酬管理

如今在大多数企业中，薪酬的不公平是一个非常突出的问题，薪酬公平依赖于完善的薪酬管理。而薪酬管理的完善又与绩效考核息息相关，需先根据绩效考核结果评估出员工的绩效，对企业的贡献度，而后才能决定如何制定员工薪酬。

案例8-1

美国GE公司是一家综合性的企业，集高科技、现代新媒体和金融服务为一体。该公司管理非常先进，领先于全球，也是最先将绩效考核运用于薪酬体系中的企业。在与绩效未挂钩之前，该公司的薪酬制度非常混乱，员工与员工之间由于薪酬差距太大而出现了两极分化，业绩好的飘飘然，虚荣心渐长，业绩差的怨声载道，丧失了工作积极性。

后来，该公司实行了绩效加薪制，即将员工的业绩分为S、A、B、C、D五个档次，并对每个档次进行评分，从S到A依次降低，档次越高，薪酬越高，反之，档次越低，薪酬越低，如下表所示。

员工绩效分级与评级示意表

S	A	B	C	D
90分以上	80~89分	70~79分	60~69分	60分以下

每到月末，企业会按照员工在这个月的实际绩效进行评估，发放基本工资和奖金，年终则按照一年的业绩进行评估和发放年终奖。

与此同时，为了避免员工薪酬再度出现两极分化，GE公司实行了绩效工资浮动制度。即绩效工资在整个薪酬构成中所占的比例，因员工的工作性质、实际绩效差异而不同。比如，管理人员的绩效工资占全月工资的30%，而普通员工则占20%；评级为S的员工占60%；A为50%，B为45%等。

这样一来，就在企业中形成了"比绩效、比实干"的良好氛围，大大激发了员工的工作积极性和创造性。

从上述案例中可以看出，将绩效考核与薪酬的发放结合起来，可实现薪酬的公平和公正。就像GE公司，改制之前就非常不公平，优秀的员工业务能力、技能经验本就高出一筹，再加上政策的倾向，所得报酬会更丰厚；而业绩稍差的，或新员工，由于各种原因，绩效下降就无法得到满意的薪酬。其实，这并不能说明他们就没有努力，甚至他们付出了比别人更多的努力，而所得比别人要少。员工之间的差距就会越来越大，当自己兢兢业业却最终结果不如意时就会出现消极怠工，直接影响到企业的利益。

绩效考核不单单看重最终的结果，更重视过程，薪酬要能真正体现出员工的付出。因此，对于企业来讲，建立一个公平合理的薪酬管理制度势在必行。那么，如何来建立呢？首先要建立完整的薪酬模式。

接下来，先来了解一下什么是薪酬模式，薪酬模式即是通过对工作的分析，撰写工作说明书，明确界定各种职位的职责范围；并利用各种评估方法，估算出每种职务对企业的贡献度；最终依据不同的级别来决定每种职务应给予的报酬。

常见的薪酬模式有四种，如图8-1所示。

图8-1　企业常见的四种薪酬模式

（1）职责薪酬——根据工作职责付薪

职责薪酬是基于岗位在薪酬中占绝对主体而支付薪酬的一种模式，所支付的薪酬需要根据职责的重要性、范围、难度而定。职责越重要，范围越大，难度越大，其薪酬也相应越高。

这种模式一般适用于管理岗位，最大的优势在于充分体现了职责的价值，增强了员工为企业奉献的意愿；同时，灵活性也较大，易岗易薪，如果员工岗位发生变化薪酬也随之改变。美中不足的是，由于过于注重职位的高低，而忽视绩效对薪酬的影响，造成同工不同酬的现象。

（2）能力薪酬——根据员工的能力付薪

能力薪酬模式和能力完全关联，即强调能力的重要性，是基于能力大小在薪酬中占绝对主体而支付薪酬的一种模式，能力越高薪酬就越丰厚。

这种薪酬模式强调能力的价值，适合销售员、会计师、律师等有一技之长的员工，大大增强了提高自身能力的意愿；缺点是由于能力和薪酬完全相关，而能力的提升往往比较慢，尤其是对绩效一向较好的员工效果不大，其激励作用受到大大抑制。

（3）绩效薪酬——根据绩效付薪

绩效薪酬模式是基于整个业绩在薪酬结构所占的比例较大而定。这种薪酬模式适合大多数员工，尤其是一线操作员、技术类员工。

优点是避免了平均分配，可实现多劳多得，少劳少得，不劳不得；劣势是容易向员工传递一个不良的信息——薪酬是由绩效决定的，只要提高业绩就能获得高薪酬，因此总有些人投机取巧，不择手段来提高自己的业绩，从而损害了企业的整体利益和他人的利益。

（4）综合薪酬——为职责、能力和绩效同时付薪

综合薪酬模式是将以上三者相结合形成的一种付薪模式，即同时考虑职责、能力和绩效对薪酬的影响。这种模式的优势是真正实现了职责、能力、绩效与薪酬的结合，更公平、更公正；难点是执行起来难度较大，任何一方面稍有不慎就会影响到整个薪酬体系。

薪酬管理是绩效管理的主要组成部分，而有效的薪酬管理又离不开完善的绩效管理，两者是相互制约、相互促进的关系。因此，企业要两手抓、两手都要硬，让薪酬管理与绩效管理真正地实现完美结合。

8.2　事先调查：没有调查就没有发言权

薪酬管理离不开薪酬制度的建设，而想制定一套科学、合理的薪酬制度，前提是做好薪酬调查工作。所谓没有调查就没有发言权，不经过充分的调查，制定出来的制度是很难符合企业利益和员工利益的。

案例8-2

某外资企业进入中国后，为了有效发挥薪酬的激励功能，根据外界环境和企业战略对薪酬制度进行了调整。主要是鉴于资金上的不充裕，进一步控制成本支出，决定对核心员工采用高薪，对普通员工采用与市场持平的薪酬政策。

为了获得准确的薪酬信息，企业进行了一次彻底的行业薪酬调查，采用的是行业中几家同等级的数据，对几家同行业、同水平企业多种薪酬数据进行了精确的分析。

于是该企业决定给20%的高管和技术人员发放相当于同级别的120%薪酬，给其他80%的员工发放与市场水平相当的薪酬。所有员工的薪酬构成包括基本工资、奖金、津贴和福利。经过这么调整，管理人员和员工的工资差别较小，具有很强的平均主义的色彩。奖金是公司根据员工绩效评定，经过考核后，薪酬政策比较强调内部均衡，该项薪酬政策实施后，获得了比预期更好的效果。

可见，在制定薪酬制度前，企业需要详细了解行业、岗位的薪酬情况，包括高限、中限、低限，然后同本企业薪酬水平相比，找出差距。那么，如何来做好薪酬调查呢？需要从以下三个方面入手。

（1）薪酬调查的原则

进行薪酬调查，目的是找出差距，提高整体水平，使薪酬更合理化、科学化、公平化。必须遵守公平、公正和竞争性的基本原则。

① 为了保证公平性原则，需要进行岗位调查、岗位分析和岗位评价，并将其结果作为薪酬制度制定的主要要素之一。

② 为了保证公正性原则，需要全方位地对员工进行考评，并将其结果作为薪酬制度制定的主要要素之一。

③ 为了保证竞争性原则，需要调查同类企业、不同企业同一职位的薪酬情况，并将结果作为薪酬制度制定的主要要素之一。

（2）薪酬调查的流程

在坚持原则的基础上，薪酬调查工作也需要按照一定的流程进行，先做什么后做什么都有着约定俗成的做法，如图8-2所示。

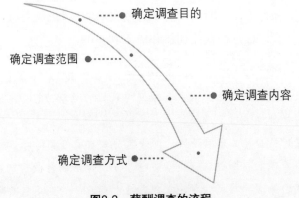

图8-2　薪酬调查的流程

① 确定调查目的。薪酬调查的目的为制定薪酬政策、提高薪酬水平、调整薪酬结构，以及制定特殊岗位薪酬等提供依据。因此，在展开调查前，必须先有明确的目的，明确了目的才能进一步确定调查的范围和调查方法。

② 确定调查范围。调查范围一般有两大方面，一是在同行业领域；二是行业内相同职位领域。通常来讲，两个方面可根据自身情况选择其一。

适用于在整个行业内开展薪酬调查的情景如表8-1所示。

表8-1　适用于在整个行业内开展薪酬调查的情景

序号	情景
1	在劳动力市场上有竞争力，实力等于或大于自己的企业
2	在同行或市场中处于领导地位，尤其是薪酬制度影响力大的企业
3	薪酬与消费物价指数等主要经济指标挂钩的企业
4	员工较多、人力资源管理完善、职能划分明确、薪酬制度完善、管理规范的企业

适用于在企业内部相同职位调查的情景如表8-2所示。

表8-2　适用于在企业内部相同职位调查的情景

序号	情景
1	与本企业职务类别、性质相同，工作内容相似
2	具有代表性的主要职位或基准工作
3	职位内容相对稳定、众所周知且广泛认可
4	职位供求相对稳定，雇用较多的人员，且最近不会有大的变化

当然，这些内容并不要面面俱到，而是要根据调查目的和实际情况而定。

③ 确定调查内容。确定调查内容就是要确定收集的各类信息，一般来讲，与薪酬有关的信息有三种类型，具体如表8-3所示。

表8-3　与薪酬有关的信息类型

信息类型	内容
与企业有关的资料	主要包括企业基本情况、企业财务状况、企业规模、企业结构等方面的情况和数据
与薪酬制度、体系有关的资料	主要包括现金薪酬形式、非现金薪酬形式等方面的情况和数据
与职位有关的资料	主要包括工作类别、职位描述、员工要求以及员工实际薪酬等方面的情况和数据

④ 确定调查方式。调查方式也是多种多样，比如，通过行业协会调查、委托中介机构调查、利用媒体信息，或者企业自行调查等。

无论哪种方式，都需要企业人力资源管理部门协助进行，企业根据企业的实际需求和当前的条件做出综合性的选择，多种方式同时进行，以使得出的数据更准确，更接近真实。

同时，还需要对调查的数据进行整理、分析，找出真实性、有代表性的数据，必要时可做出适当的调整和补充。然后，在此基础上撰写出调查报告。

（3）对调查的资料、数据进行分析

分析是调查的继续，因为通过调查的信息不一定全部符合要求，要经过整理筛选、论证分析，进一步取舍。

分析的内容包括以下几方面。

① 甄别信息的真实性和可靠性。不同渠道得到信息，其真实性和可靠性也是有所差异的，一般来讲，官方的、专业的机构更可信些，具体如表8-4所示。

表8-4　各渠道获取信息真实性情况一览表

	信息来源	可靠度评价	劣势
1	顾问机构	可靠性最强，准确度最高	成本较高
2	政府部门	比较权威，准确度高	开发难度较大
3	行业协会	可靠性较强，准确度较高	信息有限
4	人力资源部内部	可靠性较强，准确度较高	信息面较窄
5	企业内部人员	可靠性较差，准确度不稳定	稳定性差
6	企业离职人员	可靠性较差，区别对待	员工的不配合
7	新加入人员	可靠性极差，区别对待	虚假信息较多
8	社会其他人员	可靠性最差，仅供参考	信息繁杂

② 对数据进行整理分析。在真实性甄别后，接下来就要对这些信息进行归类分析，找出其中的规律。在整理分析时需要做以下工作：

分析薪酬的最高值、最低值和平均值，以便与相关企业进行比较，了解本企业薪酬竞争力；

分析薪酬的结构特点、薪酬等级分布特点，了解本企业薪酬的重点何在，与薪酬目的是否吻合；

分析薪酬总量及其各层次的变化趋势，了解本企业薪酬的变化方向，判断这种变化方向是否符合薪酬设计的意图；

了解员工的薪酬满意度，对薪酬的激励作用做出判断。

通过以上分析就可以得出，本企业薪酬制度是否合理，应该如何调整，大

大提高企业员工的福利待遇和对外竞争力，因此进行薪酬管理，做好薪酬调查工作是非常重要的环节，不可忽视。

在薪酬数据分析的基础上，还需要撰写薪酬调查报告。撰写薪酬调查报告需要掌握四大部分。第一部分简要总结调查的过程；第二部分分析调查情况；第三部分对薪酬调查进行评价；第四部分依据薪酬调查和薪酬分析的结果，提出薪酬调整改进的建议。

8.3 制订与规划：建立完善的薪酬制度

薪酬制度是薪酬管理的基础，科学有效的薪酬制度可使管理更规范，对工作实践更有指导意义。同时，也有利于员工发挥出潜能，为企业创造更大效益。因此，企业必须拥有一套完备的薪酬制度。

在薪酬制度规划当中，人力资源部充当着总设计师的角色，那么，具体如何来规划呢？可采取如图8-3所示的四种方法。

图8-3　规划薪酬制度的四种方法

（1）岗位等级法

岗位等级法是根据岗位高低、大小、重要性而决定薪酬的一种方法，通常适用于中小企业。比如，某企业将岗位等级分为四个层次，那么，相应的薪酬也就有四个档次，如表8-5所示。

表8-5　岗位等级法

等级	岗位	职务	薪酬/元
第一级	高级管理层	总经理及副总经理	12000
第二级	中级管理层	部门经理	8000
第三级	基层管理层	主管	5000
第四级	无	基层、一线员工	3000及以下

这种方法的优点是简单易行，只要将所有岗位划分为几个等级即可。缺点是容易出现"一刀切"的现象，无法很好地激励员工。因此很少单独使用，最好与奖金制、抽成制结合使用。

（2）岗位分类法

与岗位等级法类似，这类方法是把岗位分成若干个类型，然后根据岗位类型来确定工资等级，适用于岗位类型单一，或者比较少的企业。如某工厂主要分为管理部门、技术部门和一线工人，那就可以这样分，如表8-6所示。

表8-6　岗位分类法

等级	管理岗位薪酬/元	技术岗位薪酬/元	基层岗位薪酬/元
第一级	10000	10000	3000
第二级	8000	5000	2400
第三级	5000	3000	1800

（3）因素比较法

因素比较法是指忽略岗位、职位的限制，仅仅以影响薪酬的某些因素为衡量标准，运用这些可比较的因素来决定薪酬。具体方法如下。

① 选择可比较的因素。可选择的因素通常有四个，分别为心理因素、技能知识、生理状态、工作条件等。

② 将确定的因素与具体的工作联系起来，结合工作描述与工作说明书进行评估。

③ 找出基准岗位。基准岗位是其他岗位能与之比较而确定相对价值的岗位，通常具有稳定性、大家熟悉、与市场工资有可比性，可参照的范围广的特点。

④根据可比较因素确定薪酬范畴，依据每一个可比较因素来确定基准工资，以及相关工资范围。

⑤ 列出因素比较表，根据各个因素在总工资中所占的比重，计算出各岗位具体的薪酬数额，如表8-7所列。

表8-7　因素比较法

工资因素	技能知识	生理状态	心理素质	工作条件
100（元）		岗位1		岗位4
200（元）		岗位2	岗位1	
300（元）	岗位1	岗位4		

工资因素	技能知识	生理状态	心理素质	工作条件
400（元）	岗位2	岗位3		
500（元）				岗位2
600（元）			岗位3	岗位3
700（元）				
800（元）	岗位4		岗位4	
900（元）			岗位2	
1500（元）	岗位3			岗位1

计算得出

岗位1	300 + 100 + 200 + 1500 = 2100（元）
岗位2	400 + 200 + 900 + 500 = 2000（元）
岗位3	1500 + 400 + 600 + 600 = 3100（元）
岗位4	800 + 300 + 800 + 100 = 2000（元）

（4）点排列法

点排列法是在因素比较法的基础上，将影响薪酬的各个因素以点数来表示，然后根据每个岗位所获得的点数来决定其薪酬。具体操作流程如下。

① 确定关键因素。通常为技能、努力、责任、工作条件等。

② 确定关键因素的子因素。如技能因素的子因素为教育程度、经验、知识。

③ 确定每个子因素的等级。如每个子因素又可分为5个等级。

④ 规定每个子因素的等级标准。

⑤ 确定每一个子因素的权重。

以培训为例，受训人员在接受培训时对培训的内容接受程度不同，影响这种接受程度的因素有很多。其中，受教育程度是不可忽视的因素之一，这里将员工受教育程度分为五个档次，分别为1级初中生，2级中专生、高中生，3级大专生，4级本科生，5级研究生及以上。

在确定每个档次的工资时可按照表8-8所示进行。

表8-8　点排列法确定法

关键因素	子因素	权重	1级	2级	3级	4级	5级
技能知识	教育程度	15	15	30	45	60	75
	经验的积累	20	20	40	60	80	100
	知识的学习	10	10	20	30	40	50
生理、心理状态	生理条件	10	10	20	30	40	50
	心理素质	15	15	30	45	60	75
心理素质	对工作	5	5	10	15	20	25
	对企业	5	5	10	15	20	25
	对同事	10	10	20	30	40	50
	对客户	10	10	20	30	40	50
工作条件	工作条件	10	10	20	30	40	50
	工作环境	5	5	10	15	20	25
总点数		115	115	230	345	460	575

⑥ 计算出每个岗位的点数，以一线销售人员和市场部经理最低薪为例进行计算，如表8-9所示。

表8-9　岗位点数分配法

影响因素		销售人员		部门经理	
关键因素	子因素	等级	点数	等级	点数
技能知识	教育程度	1	15	5	75
	经验的积累	1	20	4	80
	知识的学习	1	10	5	50
生理、心理状态	生理条件	4	40	5	50
	心理稳定性	5	75	3	45
责任心	对工作	4	20	5	25
	对企业	3	15	5	25
	对同事	2	20	1	10
	对客户	5	50	4	40
工作条件	工作条件	1	10	1	10
	工作环境	1	5	2	10
总点数			280		420

⑦ 画出工资结构图。薪酬是员工工作能力的集中体现，充分体现员工利益。因此，薪酬制度的制定需要员工的配合和参与，员工可参与的有界定工作职责、参与岗位评估的集体评议、参与薪酬满意度调查、参与薪酬方案、意见

的反馈等。

8.4　薪酬类型：明确薪酬的两大类型

薪酬是企业支付给员工劳动报酬的一种形式，需要定期、定额地发放，但具体如何来发放却令不少企业头疼。有的很吝啬，结果造成员工的不满，有的尽管很大气，但实际效果也并不好。薪酬的发放不能太抠门，也不能多多益善，而是要合理。不合理的发放会产生一系列的问题。

案例8-3

某企业薪酬普遍高于市场平均水平，但很多员工还非常不满意，办公室人员觉得市场人员工资高；市场人员觉得办公室人员付出少，工作很轻松，还拿高工资。于是，员工间一大堆扯皮事件，从而造成了工作效率低下。

尽管如此，仍没有人主动离开，无非是人浮于事，出工不出力。这就是典型的高薪低效的体现，根本原因就在于员工没有意识到收入是来源于自身的贡献和岗位价值，总认为是应得的收入。

从这个例子中可以发现，薪酬不合理对员工的负面影响很大。所以，企业必须掌握发放薪酬的方式。要想解决这个问题，作为薪酬总设计师的企业需要承担起更多。接下来，就来了解一下薪酬的不同分类。

薪酬有狭义和广义之分。狭义上的薪酬，也就是我们经常所说的"工资"，仅仅是指与"劳动"有直接联系的报酬。广义上的薪酬，则是指与员工付出劳动有关的所有酬劳，除了基本工资外，还有奖金、福利、社保以及各种非物质报酬，比如参与企业的管理、决策等权利。

狭义薪酬和广义薪酬之间的关系，如图8-4所示。

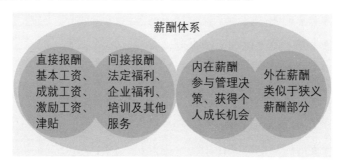

图8-4　狭义薪酬和广义薪酬关系示意图

（1）狭义薪酬的分类

狭义薪酬主要由两大部分构成，一是直接薪酬，通常是指直接以货币形式发放的报酬，包括基本工资、加班及假日津贴、绩效奖金、股票期权等；二是间接薪酬，是指企业为预防员工发生的不测事件或保障将来生活，提供的非货币形式报酬，如疾病、医疗、事故保险等。

① 直接薪酬包括三部分。

基本工资：企业支付员工完成所承担工作，定期支付的现金薪酬，比如，月薪、年薪等。这部分薪酬是员工最基本的、最稳定的报酬，通常会随着经验、技能的增加、工作水平的提高而提高。它既是员工基本生活的有力保障，又是其他可变薪酬计划的主要基础之一，因此，也是企业开发与管理的重要内容。

成就工资：是薪酬中与绩效直接挂钩的部分，是企业对员工已经取得的成就的认可，在基本工资之外另行增加的、定期支付的固定现金薪酬。这部分薪酬是随着员工业绩的变化而调整的，它与员工在企业中的表现、努力程度息息相关。

这部分薪酬运用了"分成"的机制，并不是人人可享受得到，或享受的额度有很大差距，比如，奖金就是其中的一种，其数额可大可小，奖励频率可长可短，充分体现了激励薪酬的灵活性，不过正是这种特性其激励作用往往是巨大的。

津贴、红利、股权等：是员工工资的补充形式，是对岗位的具体条件和劳动的特殊内容（如业务出差、特殊工作条件）以及其他因素（如物价、住宿）的补偿性价值，通常与基本工资一起计发。

② 间接薪酬：福利和保险。福利是企业为改善员工的生活水平，增加员工生活便利性，而提供的特殊待遇。比如，提供的吃、住、行、用、休闲、娱乐等福利性待遇。多以非实物的形式发放，采取员工自愿参与的模式。

在企业的间接薪酬体系中，保险是不可忽视的一部分，它是为满足员工长期需求，或隐性需求而支付的一种报酬，具有一定的服务和保障功能。

（2）广义薪酬的分类

广义薪酬可以分为内在薪酬和外在薪酬两大类，如图8-5所示。

① 内在薪酬。这部分薪酬产生于员工的工作本身，更多地体现为贡献度的大小，工作质量的高低。其作用在于提升员工的个人价值感和成就感。包括参与决策的权利、更多的责任、更大的工作自由和权限、较有兴趣的工作、个

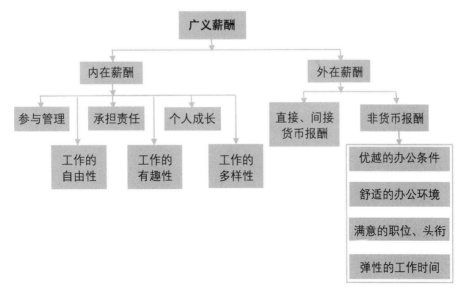

图8-5　广义薪酬分类示意图

人的成长机会和多样化的活动等。

可激发员工的主体意识，促使员工积极参与企业的活动，引导员工自我成长，以适应不断发展的工作需求。

② 外在薪酬。外在薪酬包括狭义薪酬部分，即直接薪酬、间接薪酬，唯一不同之处是增加了非货币性薪酬。因此，在这里重点介绍一下非货币性薪酬。

非货币性薪酬又称"非财务性薪酬"，是指员工所获得的来自企业或工作本身的，非货币形式支付所有的收获。如，企业提供的工作环境，安排的休假制度，对职业生涯的辅导，以及可带来满足感和成就感等其他收获。

薪酬组合是由各种薪酬单元组成的，在薪酬的发放上，尽量避免以某个形式单个出现。一个完美的薪酬组合通常要含有三种模式，即固定薪酬（基本工资等）、浮动薪酬（绩效工资、奖金等）和福利、津贴等。

8.5　薪酬模式：薪酬的3种发放方式

重赏之下必有勇夫，这句话确实有一定的道理，但用在企业中重赏亦要区别对待，要结合不同岗位的价值，要体现出员工对企业贡献度的大小，否则花了大钱也未必能收到预期效果。

案例8-4

某房产销售公司的文员张某，平时只做些辅助性的工作，比如，为客户办理购房手续，为客户提供必要的服务等，因此每个月只领着2500元的固定工资。每天领固定工资，工作积极性就越来越小，因为干多干少一个样，很多事情总是能不办就不办，能少干就少干。

为增加她的工作积极性，公司改制，将工资与业绩开始挂钩，除了有基本工资外，还增加了一部分浮动工资。浮动工资按市场部的销售量来提成，市场部每卖出一套房子，她就能提取一定比例的服务费。这种方案施行后，刚开始还很有效，时间一长又出问题了，这小姑娘为拿到更多的提成，光顾着服务大客户了，小客户全撂一边，招来一大部分小客户的投诉。

后来，公司再次改变其工资的模式，即不按销售套数来提成，而是满一定的数额才能提取。这样一来，就不会出现将客户分为三六九等了。她工作有积极性了，工作效率也上来了。

从这个案例中可以发现，薪酬的组合并不是想象得那么简单。一般来讲，薪酬是有不同模式的，即以什么为基础进行组合，比如，基本工资、激励工资，还是津贴和福利等。以不同基础建立起来的薪酬体系，其薪酬水平、薪酬结构和管理方式都会不同。因此，在进行薪酬的组合之前，需要先明确薪酬的模式。

一般而言，员工的薪酬总结为两大类四小类，两大类是固定薪酬和浮动薪酬，四小类是基本工资、激励工资、津贴和福利，薪酬模式是指这几种薪酬以不同比例组合在一起的集合。一个结合就是一个体系。然而，由于基本工资、激励工资、津贴、福利等各有各自的特性，因此当以不同形式组合在一起时就会形成多个模式。

各类型薪酬都有刚性和差异性的特性，刚性就是各薪酬的不可变性，差异性就是相互之间的差异程度。这些特性是组建薪酬模式的主要影响因素。下面就介绍一下这两种特性的不同表现，如图8-6所示。

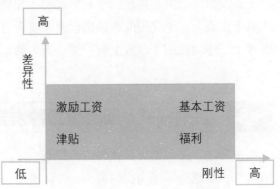

图8-6　各薪酬类型特性表现示意图

◇ 基本工资具有高刚性和高差异性，不同岗位上的员工基本工资差距明显，并且员工的基本工资既不能随便扣减，又不容易随时增加。

◇ 激励工资具有高差异性和低刚性，往往随着员工不同的行为、效率、工作业绩和组织绩效等因素的变化而拉开差距，上下浮动。

◇ 津贴具有低差异性和高刚性，它与工作业绩无关，从事同一种工作的人享受相同水平的补偿，并随着工作条件、物价水平、组织效益等因素的变化而进行调整或取消。

◇ 福利具有高刚性和低差异性，由于设置福利的目的就是保障员工生活、稳定员工队伍，不同的人和不同阶段的福利都须保持平稳，只存在较小的变化。

按照各类型薪酬的刚性（不可变性）和差异性（在不同员工之间的差异程度）分，可形成三个模式，分别如下。

（1）高稳定模式

这种模式表现为：基本工资和福利在总薪酬中所占的比例较大，激励工资和津贴所占比重小。是一种以基本工资为主，与其工作绩效关系不大的模式，主要适用于那些弹性比较小的职位。

其优点是薪酬稳定性高，波动不大，可增强员工的安全感。缺点是由于减少了激励工资的比重，可调节的灵活性大大降低，致使激励功能削弱，容易给企业造成主动不稳定性。

（2）高弹性模式

这种薪酬模式表现为：激励工资和津贴所占比重大，福利和基本工资所占比重较小。是一种以短期绩效为主的、高浮动的模式。适用于组织人员流动率高、工作变动性大、员工工作积极性低，以及产品研发、营销等业绩伸缩性较大的职位。

它的优点是与工作绩效紧密挂钩，当工作绩效很高时，就可以获得高报酬，对员工的激励性较强。缺点是薪酬水平波动较大，员工缺乏安全感，同时企业在成本核算时也难度大增。

（3）折中模式

折中模式是上述两种模式的融合，既要稳定性又要激励性，既要员工的工作热情又要工作业绩，其要点是适当加大奖金、福利和津贴的比重，加大基本工资的刚性比例。

这类模式的优点是兼具激励性和安全性，稳中有进，适用面广泛，也便于企业灵活掌握成本控制。缺点是实施成本较高，各种形式薪酬平衡性往往很难把握。

由于各薪酬形式刚性、差异性处于一个不断变化发展的状态，其各自所在的比例也是可变动的，从这个角度来看，即使在相同的薪酬模式中其表现也是不一样的，比如，基本工资与激励工资为8∶2与7∶3，模式同属高稳定模式，带给员工的感受却不一样。

8.6 薪酬结构：不同模式延伸出的4种薪酬结构

合理的薪酬结构在构建企业薪酬体系过程中起着重要的作用，薪酬结构的不合理会导致很多问题，最直接的就是造成员工薪酬的差距进一步拉大，伤及一部分员工的工作积极性。

案例8-5

某企业高层希望通过不断提高员工能力（知识和技能）来提升企业业绩，认为员工的能力才是取得优秀绩效的前提。于是，在设计员工薪酬时就加大了能力工资部分，占到总薪酬构成的80%，其他部分则由奖金和福利两部分构成，占到20%。

该企业设计了3000～8000元五个等级的薪酬，根据员工能力的高低给予不同的工资。因此，能力高的员工拿到的工资比较高，但部分员工对此制度产生不满，原因在于他们的工作付出得多但无法拿到相应的薪酬。

于是，这些员工不再努力提高绩效，而是一门心思地把主要精力放在自我进修上，希望通过学习提高能力，以被企业看中，得到更高等级的工资。

经过一段时间的发展，企业人工成本变得越来越高，但利润却没有明显的改善，管理层开始思考把薪酬支付的重点从能力上转移，而兼顾员工能力和绩效两个因素。

上述案例体现的就是薪酬结构不合理的问题，薪酬结构是薪酬模式的具体表现形式，即薪酬应当由哪些部分构成，各占多大比例，薪酬分多少层级，层级之间的关系如何等，在三大薪酬模式的基础上，可分解出四种薪酬基本结构。

第一种：以固定薪酬为主，浮动薪酬为辅，如图8-7所示。

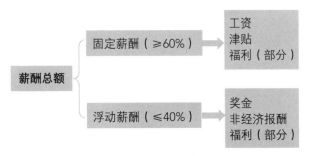

图8-7　薪酬结构类型1

第二种：以浮动薪酬为主，固定薪酬为辅，如图8-8所示。

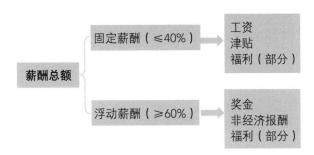

图8-8　薪酬结构类型2

　　第三种：以固定薪酬为主，浮动薪酬为辅，同时实现其他元素的多元化分配，与第一种不同的是，固定薪酬中部分薪酬划分成了几个可调整的部分，单独列出来，如图8-9所示。

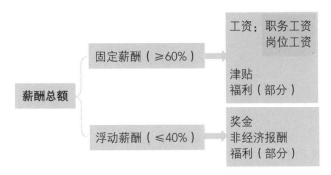

图8-9　薪酬结构类型3

　　第四种：固定薪酬＋可选择的多元化福利。这是欧美国家企业采取较多的一种薪酬制度。特点是固定薪酬和浮动薪酬大体相等，但浮动薪酬可在一定范围内自主选择，如图8-10所示。

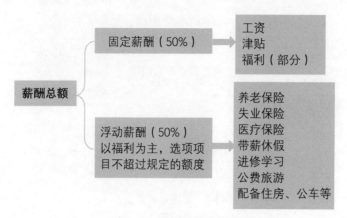

图8-10　薪酬结构类型4

薪酬体系主要有两个目的：一是确保企业合理控制成本；二是帮助企业有效激励员工。薪酬结构是薪酬体系中一个主要的子模块，因此在设计薪酬结构时需要以整个薪酬体系为前提，最终是要达到薪酬体系的两个总目的。

8.7　福利管理：提升员工幸福感的重要措施

在薪酬体系中除了基本工资还有一个非常主要的部分：福利。福利作为员工的间接报酬非常重要，需要对其进行管理。企业如何来管理和分配这部分薪酬呢。合理支配和管理奖金、津贴这部分薪酬，可使薪酬更加公平，从而最大限度地调动员工的积极性。

在福利管理方面做得最成功的莫过于谷歌，先来详细了解一下。

案例8-6

谷歌（Google）向来以丰厚的福利闻名业界，其人力资源副总裁拉兹洛·博克说，该公司最新提供的福利待遇居然还延伸至员工过世之后。如果员工在合同期内不幸去世，其配偶可在未来10年内，每年获得一张金额相当于该员工年薪50%的支票。

除此之外，员工可享受的福利还有很多，比如，免费供应美食，医疗服务，干衣机和24小时开放的健身房、按摩服务、瑜伽课，以及游泳池和温泉水疗Spa等。

谷歌的特立独行也尽量去影响员工的精神层面，如将公司建得跟大学校园似的，员工犹如徜徉其中的大学生，衣着休闲，整个公司弥漫着大学的氛围。

谷歌的丰厚福利不是单纯的大方，而是希望通过福利带动员工的积极性和忠诚度。包括在竞争激烈的市场上吸引最优秀的人才；让员工在公司享用美食和处理私人事务，可以长时间的加班。谷歌利用各种令人眼花缭乱的福利，从其他公司抢走了大批优秀人才，也留住了大批人才，在员工中树立了良好的口碑。

从上面的案例可以看出，福利作为以人性化为导向的一种报酬方式，大力提倡"以人为本"，以对员工的激励与潜能开发为目标。最大限度地尊重每个员工的付出，这也是大多数企业为什么会设立高福利的原因之一。

然而，目前很多企业在这方面的管理，仍处于一个比较粗放的阶段，很难让大多数员工满意，甚至适得其反，无法起到激励的作用。比如，尽可能地为员工少交保险、不交保险等，成了一些员工消极怠工的缘由。因此，要做好此项工作实为不易，以下三点是必须注意的。

（1）"一揽子"薪酬福利计划

许多企业不再将薪酬与福利分成互不关联的两项管理工作，而是成为一个有机的组成部分，做到相辅相成与互相配合，共同围绕企业目标运转。

比如：一些工作适用货币工资的，就采用货币支付的方式；反之就采用非货币形式，即福利支付的形式。对一些奖励性报酬，可以采取货币与福利并用的方式。同时，注重薪酬之间的权重比，要逐步增大，有利于增强企业的凝聚力。

（2）灵活的福利提供方式

灵活的福利提供方式也称"自助餐式"的福利管理方式，即员工可以在多种福利项目中根据自己的需要进行选择。这种"自助餐式"的福利也可以分成两种类型：一种是基本保障型，让人人必须拥有，比如，一些法律规定的福利，必须执行；另一种是各取所需或根据自己的实际意愿对现的。

比如，未婚员工可以不选择儿童保健，但可选择附加养老金福利；夫妻员工可以选择不同的福利项目，比如一方选择子女保健，一方选择住房或休假。

（3）降低福利成本，提高效率

高福利的服务，能够减少许多浪费，有的企业也开始进行一些改革和尝试。比如，为了有效控制保健福利开支，兴办员工合作医疗，弥补健康保险的不足。积极开发和引导一些对企业和员工双方都有利的项目。

比如，员工在职学习的学费资助，是许多企业提供的一项员工福利和激励手段，这对促进员工人力资本投资很有益处。对一些员工不甚了解，也不去关心，只有少数员工充分利用，多数员工不闻不问，对此需要企业有意识地引导和鼓励员工争取这些福利。

一套良好的薪酬福利体系，可以让企业在不增加成本的情况下提高员工满意度，这是大多数企业都愿意做的，关键是从企业实际出发，找到适合的创新设计。

第 **9** 章

数字化管理：
人力资源管理
发展新趋势

以移动互联网、云计算、大数据、人工智能、物联网、区块链等为代表的新一代数字化技术正颠覆着人类的生产和生活方式。同时，也催生新的商业模式，新的经济形态，促进着传统经济的转型。人力资源作为企业管理的重要组成部分，也在经历着数字化带来的深刻变革。

9.1 数字化时代的人力资源转型

9.1.1 人力资源数字化转型成为必然

有数据显示，全球1000强企业中的67%、中国1000强企业中的50%都将数字化转型作为企业战略核心。而在这一过程中，人力资源部门不是被动地"参与"，而是扮演着推动者、引领者的角色。

有人预计，数字化转型正在成为未来10年全球信息化发展的主趋势。之所以如此说，是基于如图9-1所示的三个方面的新需求。

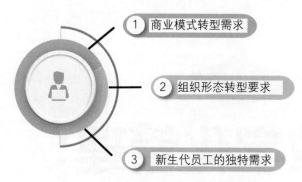

图9-1 人力资源管理数字化转型的需求

（1）商业模式转型需求

随着移动互联网、云计算、大数据、人工智能、物联网、区块链等新一代数字化技术的发展和成熟，人们的生产、生活方式正在被颠覆，被重塑。新技术运用在商业领域中则催生了一大批新商业模式，时代在变，企业战略和商业模式也在变，与此同时，人力资源管理也应该与时俱进，以适应新的商业模式需求。

（2）组织形态转型要求

数字化时代下的企业组织不再是金字塔（科层等级式）结构，如图9-2所示，而是呈一种网状结构或风窗结构。在这种结构下组织内各个节点都能自由协同，突破组织边界，快速响应新商业环境和外部变化。

网状组织结构与传统的金字塔结构，在劳动分工上有着很大的不同。在这一结构中，专业员工充当个体贡献单元，或被集合为能够向组织提供某项专业

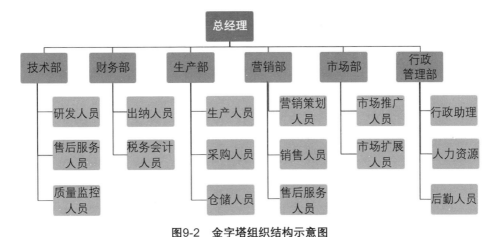

图9-2　金字塔组织结构示意图

服务的"工作群"，员工间的协调和沟通是通过跨职能团队来完成的，各种工作群构成了网状组织结构的基本组成部分，网状组织结构示意图，如图9-3所示。

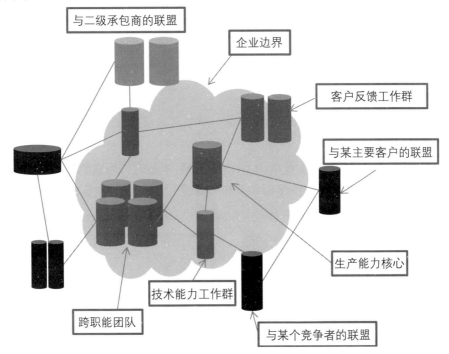

图9-3　网状组织结构示意图

网状组织结构突破了组织边界，可以在组织内部，也可以在组织边界以外。例如，为了开发一个新产品而成立一个跨职能团队，该团队可由来自技术、销售、市场和生产等各部门的员工组成。此外，由身处不同地区的员工组成的虚拟团队也在网状组织结构中很常见。

现代企业在设计组织架构时，越来越多地开始寻求从科层等级式向高度授权、敏捷转变。

华为人力资源管理体系作为企业发展的最重要的推手，核心的部分就是人力资源与组织战略之间的协同。每一个战略的发展阶段，它的人力资源都能很好地对应上去。当今天它能够领先和自我升华的时候，它的人力资源就从原有的职能部门转向了业务伙伴、专家中心以及共享服务中心。

腾讯是一家在成长性和整体创新上都很独特的公司，人力资源管理也不断调整和提升企业价值观使命，在确立"科技向善"这个价值观之后，就回归到怎样去让人发挥真正的作用。所以，腾讯在跨边界契约设计的人才获取、保留与共享中，拥有自己的一些管理模式。

（3）新生代员工的独特需求

新生代员工比较接近一个群体的概念：Z世代，已经成为一个企业的劳动主体，他们自信、自主、自由，追求工作的价值和意义，同时追求体验至上，与以往任何一个时代的群体相比，都呈现出独特的一面。他们是互联网时代的原住民，与企业和人力资源管理者的互动，要求跟在线购物、社交聊天一样的互联网消费级体验。

随着劳动力的年轻化，他们将期望数字工具能够工作。Z世代正迫使企业领导者考虑高效数字工作场所的问题。他们是我们最精通数字的一代，他们的动机不是薪水，而是他们所从事的工作的质量和类型以及所获得的经验。2021年Z世代占劳动力的24%，这是相当大的一部分人群。

人力资源通过新的数字平台、应用以及服务方式改变员工整体体验；通过数字化来管理、组织和领导变革；通过人力资源自身的数字化运营，引领业务领导者和员工数字化思维模式的转型。

9.1.2 人力资源数字化转型发展阶段

人力资源数字化转型的过程是一个持续迭代、不断进化的过程。纵观人力资源数字化的转型大致经历了三个阶段。

（1）人事信息管理阶段

人事信息管理阶段又被称为1.0时代，在具体运用上以记录人事数据为主的人事信息系统最为典型。

这是一种典型的管理信息系统（Management Information System，简称MIS），是互联网技术在人力资源管理中的初级应用。随着计算机技术的飞速发展，企业各个单位、部门也陆续引入这项技术。人事管理系统的出现基本上能够满足现代企业人事管理系统使用表格对各种信息分门别类。

由于具有方便、准确、快速、灵活的特点，使管理实现了自动化、一体化、多元化。简化了企业在人事管理方面的复杂性，减少了企业在管理上的庞大开销，为企业决策者和管理者提供充足的信息快捷查阅、修改、交流和重复手段。

（2）人力资源管理系统阶段

人力资源管理系统又叫电子化人力资源管理，是一种新的人力资源管埋模式，不仅方便了企业的人才管理，也提升了整个企业的管理效率。

该管理系统所需要的技术基础以先进的软件和大容量的硬件作为支撑。主要工作内容是通过集中式的信息库，进行自动处理信息，对员工进行自主服务，以及外协和服务共享的目的。

人力资源管理系统对于企业来说，优势会更加明显，依赖先进的技术降低了人力资源管理成本，提高了管理效率及改进员工的服务模式；保证企业通过电子系统完成人才招聘，员工管理。

（3）数字化人力资源管理云平台阶段

数字化人力资源管理（Digital人力资源管理，简称D人力资源管理），是数字时代的产物，是指充分利用大数据、云计算、人工智能等领域的技术，构建智慧组织协同、智能化员工服务、现代化管理决策三大体系。重塑闭环式人力资源管理流程，实现招聘、任用、调动、评价、激励等业务全周期自动化管理，为员工提供全方位高效服务和优质体验。

数字化办公是人力资源管理数字化转型的最终目的，最大特点是实现了全面的线上"云"办公。涵盖人力资源主要功能模块的线上数据收集：搭建数字化工作场所，通过网络会议、视频直播、工作群组等方式，打造移动化工作环境，突破组织边界，实现团队之间的高效协同；建立人才管理平台，以数据为基础，构建组织画像、人才画像、岗位画像等模型，进行多层次全方位的数据识别，实现准确的人才规划与决策，为组织运行效能、人力资本投入产出、人才发展分析等提供决策依据。

同时，将行政管理放到至关重要的位置，因为行政数据也是大数据来源的重要途径，通过员工的行为数据分析，更加真实地反馈员工的诉求。

从1.0以记录人事数据为主的人事信息系统，到2.0以人力资源管理部门业务管理为主的人力资源管理系统，再到现在以移动互联网、云计算、大数据、人工智能等新技术为手段，以"智慧协同、赋能员工、激活组织"为目标的3.0数字化人力资源管理云平台，技术不断推动着人力资源管理的数字化转型的进程。

9.2 人力资源管理数字化的应用

9.2.1 实现人力资源管理数字化

人力资源管理数字化转型，全面提升了人力资源部门和员工的数字化能力，让"数字化思维"融入企业人力资源管理工作的方方面面。换句话说，就是通过数字化手段、工具，企业人力资源部门和员工得到了重塑。

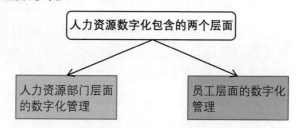

图9-4 人力资源管理数字化包含的两个层面

这也是人力资源管理数字化包含的两个层面，具体如图9-4所示。

（1）人力资源部门层面的数字化管理

人力资源部门自身进行变革，数字化人力资源转型的核心是人力资源部门自身的变革，通过数字化运营，借助于数字化技术，数字化运营的思维，打造端到端的、闭环的人力资源运营流程。

具体是构建、梳理和完善端到端的人力资源运营管理流程，包括招聘、培训、考核、薪酬以及员工的职业发展等，通过流程的数字化，重新定位人力资源运营管理的价值，构建与战略相匹配的人才供应链、提供强体验员工服务和高效运营等角度。

在业务流程构建、梳理和完善过程中，充分理解数字化技术能为运营管理带来的价值，通过"制度流程化、流程表单化、表单信息化"的方式将人力资源运营管理的方方面面落实到数字化系统平台中，实现业务集成化、流程自动化和智能化的高效运作。

（2）员工层面的数字化管理

员工层面的数字化首先是员工信息的数字化，在企业建立"完整的数字化信息系统"。有了这个信息系统，企业就可以利用大数据技术监测和分析员工的日常行为表现，预测员工未来的绩效与离职倾向。

其次是提升员工体验，员工体验是指员工在工作过程中，接触到的所有接触点所产生的，对自己与企业关系的整体感知、感受。

人口红利不断缩小，人才红利日益扩大，吸引、留住人才成为企业提升竞争优势的主要途径。员工体验与员工敬业度、满意度、工作效率存在正向相关，员工体验优化，员工的敬业度、满意度及工作效率将会随之提升，对企业的发展产生更大的推动力；反之，员工体验劣化，其敬业度、满意度及工作效率将会随之下降，产生离职风险。研究表明，超过四分之一的高潜力员工会因工作体验较差而离职，而高潜力员工的离职，对于企业发展而言无疑会是"一记重拳"，对企业发展不利。

员工体验的数字化需求及匹配方案，如图9-5所示。

图9-5　员工体验的数字化需求及匹配方案

9.2.2　打造数字化工作场所

人力资源管理数字化转型需要从数字化工作场所入手，以业务数字化为起点，运营效益数字化和决策数字化为节点，打造人力资源管理数字化的闭环。

数字化的工作场所，是指企业利用新技术，现代移动通信工具，打造一个统一的数字入口（PC端/移动端）为各角色打造一站式服务门户。

打造统一的数字化工作场所对企业生产经营活动数字化转型有多重促进作用，比如，提高工作协同效率、提高工作透明度、解放工作时间、提升员工敬业度和使命感等，具体有如图9-6所示的四项。

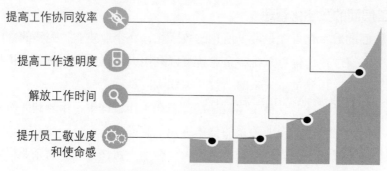

图9-6　打造统一数字化工作场所的意义

（1）提高工作协同效率

组织层级多、机构臃肿、上传下达效率及精度较差，或组织层级少，但上下级、同级之间无法达成及时的沟通及反馈。

数字化工作场所突破了组织边界，建立线上工作系统，保证随时沟通、跟踪项目/任务进展。员工可以通过企业数字化办公系统，随时随地完成、部署工作，实现系统管控与有效协同，而不再是必须要坐在工位上与人面对面交流才能完成工作。

数字化工作场所，重新定义团队的工作方式，实现团队之间的智慧高效协同，大大提高了工作协同效率。

（2）提高工作透明度

通过引入数字化办公系统，逐步实现办公系统内项目任务及工作的有效联通。例如，通过网络会议、视频直播、工作群组，可以将原本不容易组织的线下会议，直接转成随时发起的网络会议、沟通群组。并且可以将形成的结论和成果及时共享传播。

（3）解放工作时间

对于逐步"充盈"职场的新生代员工而言，他们日常生活中不乏数字化体验，自由、灵活无疑是其主要追求之一，工作中也是如此。

数字化系统的应用，解放了固定工位及办公时间，只要有网络、电脑或手机等电子化终端设备配合云服务，员工即可完成工作任务。咖啡厅、高铁、书店等原始休闲空间或者居家在未来将成为新型的办公地点，让员工在舒适的地方办公，在合适的时间办公，在保证员工效率的同时也会强化员工的创新能力。

（4）提升员工敬业度和使命感

打造统一的数字化工作场所，不但可以提升工作协同效率，解放工作时间，还可以提升员工的敬业度和使命感，提高团队生产力。

9.2.3　实现数据驱动的管理决策

大数据时代，企业在做决策时单纯地靠人的经验已经远远不能满足要求，由于其随机性太高、稳固性较差，危险性就大大增加。这就显示出了数据的价值，企业人力资源管理，在做任何决策时都需要数据的支持，即使是一个小小的决策，都需要收集大量的信息，关联数据分析，实现以数据驱动管理决策的思路。

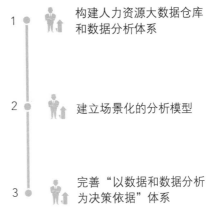

图9-7　实现数据驱动的管理决策的三个方面

1　构建人力资源大数据仓库和数据分析体系

2　建立场景化的分析模型

3　完善"以数据和数据分析为决策依据"体系

实现数据驱动的管理决策，可以从如图9-7所示的三个方面入手。

（1）构建人力资源大数据仓库和数据分析体系

构建人力资源大数据仓库和数据分析体系，洞察数据，驱动创新。科学的决策需要企业整合人力资源管理内外部数据（包括人力资源业务系统数据、数字化工作场所员工行为数据、财务数据、业务内部运营数据等），构建人力资源主体的大数据仓库，建立全面、开放的、快速探索数据价值的数据分析体系，洞察数据、驱动创新。

（2）建立场景化的分析模型

人力资源大数据仓库和数据分析体系倒逼迭代完善人力资源运营管理、人才管理的数字化和量化。以大数据算法与人力资源专业知识相结合，建立从战略制定、组织运营与决策、人才管理等业务场景出发，再到业务场景验证的模型化分析闭环。以终为始，追踪评估人力资源管理的数字化程度，倒逼人力资源运营管理的量化和数字化的迭代完善，实现人力资源大数据价值的不断深入挖掘和数据驱动决策的目标。

（3）完善"以数据和数据分析为决策依据"体系

完善"以数据和数据分析为决策依据"的体系，通过业务流程化的数字平台将其融入战略制定、业务运营到员工管理的方方面面。

比如根据管理需要定期向管理者推送（或在线实时查询）组织效能、员工效能等仪表盘，简单实时决策；异常数据及时预警，数字化平台通过指标间关系智能分析判断可能存在的原因，通过信息推送方式给到业务指标负责人。

业务中嵌入数据分析，让管理者在招聘、员工请假审批等日常业务决策中，做到信息透明、有据可依，如审批招聘需求时，实时参考了解行业内、公司内同岗位人员薪资情况和部门人员结构情况。

9.2.4 为员工提供智能化服务

越来越多的企业通过数据构建共享服务中心，目的就是为员工提供高效、优质和多元化智能化的服务，服务贯穿员工从接受Offer到离职全生命周期。以实现降本增效、提高员工体验、提升员工敬业度的目标。

为员工提供智能化服务包括两个方面。

（1）提升全职业生命周期服务体验

借助数字化技术，打造适应员工服务场景的智能机器人、Web门户、移动App、微信公众号、自助终端机、语义分析等。为员工提供高感知、强体验的全职业生命周期服务体验，让员工随时随地、触手可及地享受智能化服务，带来极致的数字化体验。

以入职服务为例：候选人通过邮件接收Offer、扫描邮件自带二维码下载员工服务App，提前了解公司文化、入职办理流程、提交个人信息等。入职前一天，数字化平台主动向员工手机推送公司报到地址、乘车路线的短信。人力资源管理者确认入职手续办理完成后，数字化平台及时向员工工作邮箱推送欢迎邮件。新员工被引导到工位，电脑、办公文具等早已准备就绪。

新员工在入职后对制度、流程、业务办理等有疑问可随时随地通过员工App咨询机器人，也可以拨打公司开通的员工服务热线。

接下来我们来看一个实例：四川航空人力资源部对办公助手中的"服务指南"功能模块进行了优化升级，整合具有服务项目查询的两个功能模块："服务指南"和"员工手册"，并在前端新增关键字文本搜索功能，极大地提升了员工查阅便捷度。同时，由于"服务指南"中诸如证明开具、社保报销等部分内容更新率较高，为实现实时更新，人力资源部在"服务指南"模块后台新增了编辑功能，针对更新率较高的内容，经办人可实时维护，确保员工各项政策及服务流程查询的准确率。

此外，为优化服务流程，做到让"员工少跑腿，数据自由行"，近期新增了"线上学历变更"功能。员工学历变更，从申请、领导审批到最终学历信息变更，完全线上系统化。员工可通过人力资源系统"学历变更"模块或手机川航办公助手"个人资料"中提交学历变更申请，人力资源部线上审核学历无误后，即可完成学历变更，真正做到让数据替人跑路。

（2）覆盖员工生活方面的服务

为员工提供智能化服务除了包含工作层面的服务外，还包括出行、居住、婚恋等。工作和生活的边界越来越模糊，为了追求员工高体验和高敬业度，先进企业提供的员工服务已经开始从常规的人事服务，扩展到员工生活方面的服务。

因此，随着企业的快速发展，人员规模逐渐增多，在为员工提供多元化、多种类服务的同时，人力资源部员工服务室更加注重对员工享受相关服务"便捷度"的深度打造。

9.2.5　数字化的人才管理

人力资源管理数据化是指，运用"数字化的思维"顺势而为，打造与企业战略相匹配的人才供应链、建立符合数字化人才的管理机制。是人力资源管理者从容应对数字时代人才管理挑战的必然选择。

（1）制定科学的人才政策

通过对数据的挖掘、分析，可以了解企业中人才管理的现状，人才在市场上的竞争力。有效预测人才管理在未来可能面临的问题和挑战，从而帮助企业制定更科学的人才决策。

数据在人才管理政策制定中的运用主要体现在如图9-8所示的三个方面。

① 大数据为数据分析提供科学的方法。尽管企业在制定人才

图9-8　数据在人才管理政策制定中的运用

政策时越来越注重前期调研、专家咨询或智库参与，但是由于受调研面、调查成本、可操作性和专家知识结构等因素的限制，所获得的数据数量和质量都十

分有限，数据的准确性、真实性和全面性有很多不尽如人意之处，这在很大程度上造成政策不够科学、实用性差。

大数据时代是人力资源信息爆炸的时代，每天产生的大量与人力资源相关的内容能够为政策制定提供前所未有的海量和高质量的社会数据、资料和信息。通过量化的方法转化为数据，利用数据挖掘技术，政策制定者能够深入分析人才个体和群体的复杂性。

比如，在高层次人才培养政策的制定中可运用聚类分析法将人才分类，高层次人才有其个性，也有其共性。人才分类可按在工作中担当的角色分类，可按性格特点分类，也可按专业类型分类，不论怎样分类，总能找出其个性和共性。

② 大数据对人才开发政策制定具有预见性。大数据一个突出价值是其具有较好的预见性。运用数据关联规则挖掘数据背后事物之间可能存在的关联或者联系，根据事物发生的概率和条件进行统计，快速发现那些有价值的关联事件。

比如，沃尔玛对历史交易记录进行了分析，这些记录包括每一个顾客的购物清单、消费金额、购物时间及当时的天气等，经过数据处理他们从这些十分庞杂的数据中找出一些规律性的东西。如每当飓风来临之前，不仅手电筒销量增加，蛋挞的销量也随之增加。

因此，每当季节性风暴来临时，沃尔玛都会把蛋挞和飓风用品放在一起，既方便顾客又增加销量。在人才开发政策制定中必须注意到，人才数据有许多特点，这是因为人才本身就是一个涵盖面较广的群体，而且人才的特征描述结构复杂，另外对于人才的需求是随着国家的政治、经济、人民生活水平和综合国力的变化而变化的。

由于各阶段对人才需求的不同也就导致对人才定义的不同，人才定义的不同导致人才的各类数据具有多变性、复杂性和多样性。运用数据关联规则挖掘技术，收集人才的成长环境、性格特点、兴趣爱好、生活习惯等看似与工作无直接关系的各类具有特点的数据，对其进行深入分析，可发现有助于人才培养，人才成长，人才流动、流向及需求等多方面的规律，使人才开发政策更加具有针对性和预见性。

③ 大数据对人才开发政策进行有效评估。政策评估的目的是检验政策效果、总结政策经验和确定政策变化方向。一是大数据转变了以"政策结果"为导向的思维方式。传统的政策评估是对政策产出和政策影响进行检测和评价。

一项政策实施后是否达到预期的目标，产生预期的效果，或产生哪些非预期的连带效果。人才政策结果包括人才政策的产出和影响，指的是人才群体及其受益者能从这项政策中获得的各种资源，以及该项政策对社会的影响。不能否认有些政策一出台就有问题，这是由于传统政策评估工作受到数据的局限性，不能对现实状况进行系统全面的考察和评价。

大数据时代将数据分析技术引进政策评估工作当中，改变了政策评估后置的方式，使得政策评估伴随制定政策的全过程，制定政策的每一个环节均可运用数据分析各方面的情况，从源头保证人才政策的正确性和权威性。

二是节约人才政策评估成本。传统的人才政策评估工作需要统计调查、数据整理、数据分析和评估，需要对数据进行存档和管理，为此评估机构投入大量的人力、物力、财力，评估的成本不菲。大数据则借助数据共享机制、数据源集聚平台及大数据处理技术对所需行业或领域的数据加以挖掘和分析，这大大节省了相关环节的成本。

（2）人才吸引与招聘方面

人才资源管理数据化是招聘的重要组成部分。企业一方面需要打造具有知名度和美誉度的雇主品牌形象，吸引更多优秀人才；另一方面，数字时代人才招聘已经不再是机械性操作，人工智能技术帮助招聘人员自动筛选和甄别人员。

比如，在招聘过程中使用真实的经验，展示公司数字化实力，有助于展示职位所需的硬技能，但同时也重点介绍了应聘者的工作方式以及他们是否适合公司文化。

视频技术、虚拟现实等面试技术，让候选人和招聘者更高效地沟通；利用大数据技术对标行业人才报告、薪酬报告等帮助领导更明确地进行人才决策。

（3）员工学习与发展方面

数字化技术给员工学习带来诸多变革：员工学习模式由以老师为中心的学习模式向以员工自主导向学习模式转变，员工利用移动设备，在碎片化时间，进行非正式的、社交化（知识社群、问答互动等）学习。大数据技术结合员工学习档案、行为数据等为员工量身定制个性化学习方案，自动推送学习课程，助力员工成长等。

传统的基于流程与职能的学习管理系统（LMS），将向基于员工社交化和知识管理的学习管理平台转变。企业学习与发展部门充分利用数字化平台特点，做好企业内部培训运营，打造学习型组织，通过为员工赋能，提升人力资本的回报率和贡献率。

在绩效管理与激励方面，为了应对全球化竞争压力和不断变化的商业局势，超过75%的企业都通过重塑绩效管理，建立持续绩效管理流程，将企业战略目标转化为员工日常行动。数字化企业绩效管理将实现以数据为驱动的绩效目标管理，绩效辅导实现实时沟通互动，管理更敏捷；员工激励管理与绩效管理集成一体化，充分调动员工积极性，激发组织活力，最终达到持续提升组织绩效、发展员工能力的目标。

9.3 数字化时代，人力资源管理者的"4新"

9.3.1 新思维

环境在变，人的思维也要变，思维转变是应变的第一步。数字化时代的到来，要求人力资源工作者必须具有新思维。传统上是以"处理人的问题"为主，而在数字化时代，是以"处理信息技术问题"为主。因此，人力资源管理者必须顺应时代，具有看待问题、解决问题的新思维。新思维包括如图9-9所示的三个方面。

图9-9　数字化时代人力资源工作者应具备的新思维

（1）数字化思维

数字化思维包括两个方面，如图9-10所示，一个是建立自动化工作流程，另一个是利用数据进行决策，解决工作中的实际问题。

图9-10　数字化思维包括的两个方面

① 建立自动化工作流程。数据化思维最直接的表现就是把握自动化趋势。自动化是随着数字技术诞生的一种工作流程，标志着流水线工作流程的结束。

从流水线流程到自动化流程的转变，对各行各业、各个领域都有巨大的冲击，减少重复工作，释放工作量形成破局。做人力资源管理工作也是如此，必须了解自动化的趋势。一方面可以明确企业实现自动化，对人才需求的变化；另一方面也能促使人力资源管理者不断思考，工作中哪些可以利用自动化处理和解决。

比如，在一些企业已经实现了，通过机器人流程自动化来完成人力资源管理者流程工作的应用。

② 利用数据进行决策。传统决策大都是利用经验，而有了人工智能、大数据技术后，开始依靠数据分析来决策。在人力资源领域，通过大数据进行的人工智能决策也越来越多。例如，不论是人工智能招聘，还是离职预测，或是员工体验，都可以通过各种静态、动态数据的采集和分析来进行。

例如，业务部门需要人力资源管理者参与组织的设计来解决组织效率低、业绩增长慢的问题，那么企业在设计方案时就要先量化当前的人效比和业绩水平，同时考虑，如果完成变革后，在一定时间内，所期望达到的人效比和业绩增长目标。

为了将来能持续改进和迭代，企业也需要通过数据衡量才能了解每一时刻的状况。在组织设计或变革的过程中，企业需要始终考虑如何把所要达到的目标，转化为可以量化衡量的目标，这样，变革的工作才能有明确的方向和指引。这些都依赖于数据决策的思维。

总之，人力资源经理具有了数字化思维，企业才能顺应数字化时代的要求，融合创新，用技术实现更多创新的想法，发挥能动性，创造出更多数字化的人力资源解决方案。

（2）成长型思维

人的思维模式有两种，如图9-11所示，传统上人力资源管理者，大多数是用固定型思维来看待和解决问题的，数字时代必须用成长型思维来代替。

A 固定型思维模式　　B 成长型思维模式

图9-11　人的两种思维模式

具有固定型思维模式的人认为，很多事情是无法改变的，尤其是在遇到困难和突发情况时，会认为这不是自己所擅长的而无法应对。从行为表现上表现为墨守成规，拒绝改变，做事时也通常小心翼翼，害怕失败，听不进去其他人的建议。如果一直用固定型思维模式来看待问题，就会故步自封，容易被这个高速变化的时代所淘汰。

数字时代的人力资源管理者要求有成长型思维模式。成长型思维与固定型思维正好相反，它是动态的，变化的，认为自己的态度和汗水决定一切，只要努力，就能不断学习持续拓展自己的能力。拥有成长型思维模式的人会针对自己的不足，向他人学习，努力进步，愿意接受建议，也愿意去试错，相信自己即便失败了，也能在失败中吸取经验和教训，获得成长。

因此，在快速变化的数字化时代，必须以更加积极的心态，培养自己的成长型思维，主动跳出舒适圈，更有效地激发自身和团队的潜能，适应时代的变化。

（3）员工体验思维

员工体验已经成为人力资源管理者数字化转型时代的热词之一，所谓员工体验是指员工对自身在组织中遇到的和观察到的事情的感受。比如，企业文化、办公环境、福利政策和工作流程等，都可以提升员工的满意度和敬业度，并转化为工作中的实际产出。

因此，人力资源管理者要善于站在员工的角度来思考，强化他们的体验。在提升员工体验时关键的有两点，如图9-12所示。

图9-12 提升员工体验关键的两点

① 独特壁垒。即打造一个独特的、其他企业在相对较长时间内无法模仿和超越的体验优势。比如，有些企业办公环境非常优越，由于办公环境的建设需要投入的成本较高，这就很容易形成一种较难超越的员工体验壁垒。

最具有独特壁垒特性的是企业文化，因为企业文化的打造是一个长期的过程，而且与领导团队的持续管理风格有关。

② 领先速度。领先速度这一点也比较好理解，基于员工体验源于比较的原理，那么一家企业如果无法创建独特壁垒，可以尝试每次比其他企业思考超

前一些，决策比其他企业更快一些，也能达到很好的效果。

在这里需要特别提醒的是，强化员工体验需要人力资源管理者结合企业的现有情况来设计，而不是简单照抄照搬其他企业的经验，因为员工体验有很大一部分是来源于比较。别家企业没有而我们企业有，员工的感受就会好，但是如果每家企业都有了，那么这种体验给员工带来的感受就会逐渐变淡。

9.3.2　新技能

新思维是基础，新技能才是执行力。有了思维做基础，还需要掌握具体的工作技能和方法。数字化时代人力资源管理者必须具备的技能有两项，具体如图9-13所示。

● 数据分析能力　　　　　● 顾问咨询技能

图9-13　数字化时代人力资源管理者必须具备的技能

（1）数据分析能力

企业在做决策时，很多时候需要以数据为基准和依据，基于数据分析结果做出最科学、最符合实际需求的判断。

例如，企业在进行某项业务变革时会先设定一个目标，如业务创新，或简化流程，或提升团队协作等。那么，这个目标做到什么程度才算是达标了呢？这就需要以数据的形式去衡量目标，对目标进行量化。

如果只是简单地描述，目标可能就是模糊的，改革活动可能很快结束，或者永远无法结束。因为每个人对这些定性描述的理解是不一样的，对目标是否完成的理解也不一样。

换个做法，如果制订一些合理的数据指标。比如，衡量现有流程中的节点数和流程所经历的时间，制定对业务创新能力的评估准则，进行团队协作顺畅度的反馈调研等。只有这样将目标数据化，变革项目才会有清晰的努力方向和目标。

因此，人力资源管理者要想更加贴近业务或者让工作成果更有效地被看到和认可，就需要具有数据分析的能力，并善于从数据中发现问题。只要能够充分利用类似电子表格这样的工具，对数据进行处理、分析和思考，并将数据分析能力融入平时的工作中，就能够满足大部分日常工作需求。

在这里有一点需要注意，那就是作为人力资源管理者，在思考量化的方式时需要考虑有些量化方式最初设计时可能并不一定合理，经过后续多次实践检验，才能更好地验证。因此，人力资源管理者在组织变革过程中要结合具体情况对衡量方式进行调整。

（2）顾问咨询技能

在变化的环境中，人力资源部门会遇到很多新挑战，人力资源管理者需要以专业顾问的身份，协同其他部门设计或者优化工作方式。

例如，业务团队在变革中通常要进行组织设计，而组织设计并不是简单的组织架构设计。因为单从组织架构图中看不出战略目标、关键流程、职责范围，而且组织架构是偏静态的，但组织永远是变化和动态并着重未来的。

所以，组织设计通常要经过评估、设计、实施、优化等多个阶段，并不断迭代更新。如果人力资源管理者有这样的组织设计的咨询能力就能很好地满足业务部门的这个需求。

作为人力资源管理者，有了战略咨询的思维，就能更好地思考人力资源管理者数字化转型如何能从战略出发，满足企业领导层的战略需求，支持组织的发展。

如果没有这个过程和思考，人力资源管理者数字化转型一方面就会缺失前行的方向，另一方面会为后续的变革沟通管理带来很大的障碍。如果不知道变化背后的根本原因和目标，就无法影响更多人跟随和支持这个变化。

市场环境不断变化，人力资源管理者在工作时需要对业务战略有一定的洞察和见解。如果企业有战略部门，人力资源管理者还需要与战略部门紧密配合，了解战略方向，让组织设计及人力资源管理者数字化转型的工作真正有引领的方向。

人力资源管理者在组织设计和人力资源管理数字化转型中应该扮演顾问、引导、教练的角色，去了解清楚关键业务客户，引入战略地图、流程设计、设计思维等方法论和外部市场信息；与关键业务客户建立信任，引导业务决策层共同讨论来进行顶层流程设计和管理策略的制定，并以此为基础引入数字化进一步赋能业务。

因此，学会顾问咨询的技能，能助力人力资源管理者从业务战略需求与关键业务客户建立信任伙伴关系，进行组织设计和人力资源管理者数字化转型。

9.3.3　新管理

管理是人力资源管理工作中重要的一环，而在数字化转型中，人力资源管理者也面临着一些新的管理活动，具体有如图9-14所示的四项。

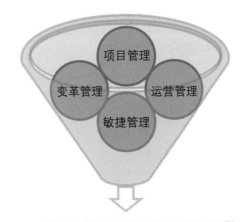

图9-14　数字化时代人力资源管理者的新管理活动

（1）项目管理

项目管理是建立在顾问咨询的基础上的，通过咨询，在有了战略方向和顶层设计之后，人力资源管理者就需要通过项目实施，来结合人力资源管理数字化设计执行计划，让解决方案在企业中得到真正落地。

有时，企业会在战略方向和顶层设计阶段先用第三方咨询公司，之后再转到企业内部的团队来进行。应用这种模式的劣势是，太依赖于第三方，解决方案在落地实施时会困难重重。因为第三方咨询公司对企业不甚了解，在设计时会有各种疏漏。即使是一个很小的细节，也会导致在实施时出现各种问题。

比较稳健的做法是，整个咨询项目从前到后的实施，都由人力资源管理部门来负责。在这个过程中，可以引入第三方的支持，但需要人力资源管理者把握细节，以促使咨询公司产出真正注重细节的设计。保证在咨询公司退出后，还能继续领导实施、跟踪及持续迭代的工作。

因此，人力资源管理者急需掌握项目管理知识，提升对于项目范围、计划、实施、跟踪，风险及利益相关者管理的能力。否则，很容易掉入各种管理陷阱。在组织设计变革中，人力资源管理者的项目管理能力对于整个项目成功与否来说至关重要。

（2）变革管理

环境的快速变化给企业里的人和事带来相应的变化。但凡变化涉及人就不会是那么轻而易举能完成的，任何管理都是，因为，任何变化在被影响的人群中，都会引发不同的态度来对待，有带头引领变革的、跟随变革的、观望变革的人，还有抵触变革的人。如何让尽可能多的员工认同变革，跟上变革的步伐是关键。因此，人力资源管理者必须制订相应的变革管理计划。

变革管理计划与战略结合越紧密，领导层一定会越支持，在日常工作中对员工的影响也就越大，因此推动变革落地也就越容易。

在变革管理计划中，人力资源管理者要依据不同类型员工的不同需求及对变革的不同影响程度，设计不同的沟通策略和方式来达到影响的目的。在实施过程中也要能通过一些短期里程碑工作的达成来稳固成果，稳定军心，以此来坚持推动变革的实施。

（3）运营管理

项目是临时的，但运营是持续的，如果平时就了解如何能高效地管理日常运营，清楚在日常事务中会遇到什么挑战，我们就能在变革的咨询和项目阶段提前提出需求，做好准备工作，保证项目在运营中保质保量、提升效率和持续改进。

因此，人力资源管理者的各项管理能力越全面，就越能有大局观，在各项工作中进行整体规划和相互借鉴的灵活度也就越高。

除了对事务的管理，在人力资源运营过程中对人的管理也特别重要。由于会有越来越多的新生代员工加入职场，传统的管理方式可能就不一定适合年轻的员工，只有那些不按套路、不断变化、持续学习、做好榜样的领导才能真正获得员工的认同。另外，由于合作模式的变化，每个人在团队中也可能需要发挥更大的作用，成为某一方面的领导。因此，人力资源管理者还要学会运用影响力，进行向下、向上和平级间的管理。

（4）敏捷管理

敏捷管理经常被谷歌、亚马逊、微软等很多领先的公司作为管理创新和产品开发的一种方式。当前，为了更好地参与市场竞争，很多企业正努力推进一场转型，从层级制结构向更敏捷的环境过渡。

所谓敏捷，就是要能在快速变化的环境下，拥抱变化，灵活应对并快速解决问题，响应业务需求。通过学习一些敏捷管理相关的方法论、流程和工具，就能让人力资源管理者拥有敏捷应变的管理能力，做到兵来将挡，水来土掩。

企业在数字化转型过程中会面临非常快速的变化，而传统项目管理的缺点是投资大、周期长，应对快速变化的风险高。当企业好不容易制定好完整的需求开始项目实施的时候，万一周围环境有所变化，就需要重新回到设计阶段，进行修改才能重新实施，这样代价是比较大的。

在运营期间，由于流程相对固定，外界一旦有变化也会出现现有流程效率降低的问题。这就对人力资源管理者在项目管理和运营管理的基础上，提出了敏捷管理的要求。

9.3.4　新视野

在环境快速变化的时代，企业不仅要重视内部的学习交流，还要持续向外拓展。作为人力资源管理者，需要有更广阔的视野，把眼光投向企业外部，从如图9-15所示的四个方面来积极汲取外界的知识养分。

图9-15　人力资源管理者应有的新视野

（1）最佳实践

我国现存企业数量众多，很多民营企业正在崛起甚至实现弯道超车，国企也在紧随国家政策持续变化与发展。因此，各行各业的企业都有着不少最佳实践，人力资源管理者要多了解不同企业的最佳实践，相互学习，借鉴其精华为自家企业所用。

（2）政策动态

人力资源管理者要放眼企业外部的政策变化，持续考虑自身在外部市场环境中可持续提升的空间。

（3）技术趋势

技术的迅猛发展让我们随时都能接触新事物，作为人力资源管理者可以通过外部拓展去了解更多技术的发展趋势，了解在市场上这些新技术到底能够做什么，然后作为连接员工需求和技术间的纽带，去思考如何能够与外部或内部的技术团队合作，利用技术来解决人力资源管理问题，提升员工体验。

（4）业界人脉

为了人力资源管理者自我的学习成长和职业发展，很多外部社群也可以帮助人力资源管理者持续拓展人脉，向他人学习，与外部同行和跨界朋友们的更多互动一定会受益匪浅。

基于以上对于人力资源管理者在新思维、新技能、新管理、新视野方面的分析，可以看到，如果人力资源管理者希望能够更好地应对数字化时代的快速变化，贴近和深入业务，得到业务部门的重视并创造出更多的价值，就应该更多地掌握和综合运用数字化思维、数据分析、管理咨询、项目管理、运营管理、敏捷管理等各方面的能力。

传统人力资源管理者团队在以上这些能力上的知识积累和经验历练上会相对薄弱，有时会使人力资源管理者在变革中、在业务团队中的话语权不足，进而导致缺少贴近业务的历练机会，如此循环形成困局。

9.4　人力资源在数字化转型中遇到的问题

9.4.1　人才储备不足

信息化时代，很多企业，尤其是中小企业十分迫切需要进行人力资源的数字化转型，但是通过HR系统进行人力资源数字化转型不是容易的事。对人力资源管理工作而言，数字化转型是一项新课题，在各行各业企业中普及程度还很低，即使已率先布局人力资源数字化转型的部分企业，也面临着诸多问题。最大的问题就是人才储备不足。

因此，首先建立一致高效、专业的数字化人才队伍，成为转型过程中亟待解决的问题，也是影响人力资源管理数字化运营效率和效果的重中之重。

只有拥有了数字化人才管理团队，才能更好地做好数字化人才服务，推进数字化转型。而数字化人才队伍是多维度的，建设起来比较困难。一支完整的人力资源数字化人才团队，既要有信息技术专家、数据分析专家，也要有人力资源业务专家；既要懂得做数字化升级，也要懂人力资源管理；既要重视数字化人才，还要构建好数字化专业人才团队建设，留住人才。

人力资源数字化人才团队建设的三个方面如图9-16所示。

既要有信息技术专家、数据分析专家，也要有人力资源业务专家；

既要懂得做数字化升级，也要懂人力资源管理；

既要重视数字化人才，还要构建好人才团队建设，留住人才。

图9-16　人力资源数字化人才团队建设的三个方面

在队伍建设过程中，可以先培养核心骨干人才，再以点带面，逐步对其他人员进行专业培训和赋能，系统性建设起数字化人力资源管理团队。

9.4.2　技术创新困难

新技术的运用是企业实现数字化转型的重要基础。然而，在企业数字化转型过程中，技术缺乏正是制约转型效果的最大问题之一，使人力资源数字化管理水平和能力难以有效提升。

很多企业在推进人力资源管理数字化转型中陷入"不能转"的局面，其关键是企业内部的科技基础薄弱，技术知识储备严重不足，不仅需要消耗大量的现金流，而且不能完全主导变革活动，导致容易出现一开始就放弃的局面。因此，企业进行人力资源数字化转型，很关键的一点就是加强数字化人力资源管理数字化技术的利用和创新。

目前，企业在数字化转型过程中所需要的技术体系已经基本形成，比如，云计算、物联网、大数据及人工智能等技术已经比较成熟，为传统企业实现数字化、网络化、智能化搭建阶梯。

解决人力资源管理数字化的技术难问题，应从两个方面出发。

一方面是充分利用现有的数字化技术，做到人尽其才，物尽其用，全面、多维度地利用。包括推动人力资源规划和招聘、薪酬与福利、人才管理与发展、员工关系等方面的创新。

另一方面，是需要源源不断的创新去支持。数字化技术更新迭代速度快，数字化人力资源管理要紧跟数字化前沿技术和数字化人力资源管理理论，要理论联系实际，将最新的工具和方法结合到企业的实际人力资源管理中去。

9.4.3　系统割裂分散

有的企业在人力资源管理数字化转型过程中，面临着系统不够完善、割裂分散的问题。这类问题主要表现在两个方面，一方面是不敢转，另一方面是随意转。

（1）不敢转

有的企业在推进人力资源管理数字化转型中陷入"想转又不敢转"的尴尬局面，尤其是人力资源属于"牵一发而动全身"的重要工作，涉及企业内部的人员、资金、组织结构、业务流程和管理模式等诸多方面，一旦处理不好，就会造成一定的成本和风险损失。

常出现的错误做法有以下几种。

① 将转型的主要任务分配给科技部门，与人力资源管理业务分离，导致在后续使用中出现一系列的问题。人力资源管理数字化转型是一个跨职能的系统集合，但是很多企业将转型看作是成本中心，给予的相应支持相对较少，更多的是依托其他业务部门来推动数字化转型。在传统的观点中，人力资源部门并不能为企业直接创造价值，主要是负责行政事务、员工日常管理等工作。

② 缺少多部门的共同参与，未能实现将人力资源系统与其他业务系统集成起来。人力资源管理数字化转型需要根据企业整体人力资源战略来进行调整。例如，与企业经营战略结合起来，才能推动人力资源优化改进、组织重构和推动企业变革。

（2）随意转

很多企业在推进人力资源管理数字化转型中陷入"随意转"的局面，重视前期建设，忽视后期运维。

很多企业的数字化转型，由于受限于认知程度、资源要素等条件，未能认识到数字化转型是一个持续迭代、不断进化的过程，导致缺乏强有力的技术、资金、人员等支持。

其主要表现为：

① 部分企业只重视数字化转型的前期投入，通过购买或自建符合企业当前发展的平台系统，但是仅仅将其作为一种工具，对于未来的运用和设想不够，陷入"起个大早，赶个晚集"的尴尬境界。

② 当企业内部的数字化系统建设完成后，对于后续的长期运维与升级重视不够，使得数字化运作仅停留在1.0版本，很少与外界市场以及科技企业合作来进行持续的升级换代，实现向2.0、3.0版本的演进。

③ 数字技术一直处于不断的更新迭代过程中，但不少企业的人力资源部门只强调使用，未能根据业务中出现的新应用、新模式、新业态以及企业未来发展来进行自我升级和更新数字化系统，未能充分发挥数字化对人力资源管理的持续支撑作用。

第 10 章

其他管理：
工时制度、加班
与休假

工时制是非常重要的一种企业制度，直接关系着员工的切身利益和劳动权利。作为企业必须做好工时制度的建设和完善，本章以现行的政策、法律、规章制度为依据，全面解读了用人单位实施的工时制，各自的特点和优势，以及采取什么措施避免用工危机。

10.1 制订合理的工时制度

工时制度即工作时间制度,通常是指国家规定的、与劳动者工作时间密切相关的一系列制度。国家在多种法律、法规中做出明确规定,要求所有用人单位实行工时制。

《国务院关于职工工作时间的规定》第三条,对员工工作时间做了明确规定:"国家实行职工每日工作8小时、平均每周工作40小时的工时制度。"

《中华人民共和国劳动法》第三十六条也做了类似的规定:"国家实行劳动者每日工作时间不超过八小时、平均每周工作时间不超过四十四小时的工时制度。"同时,第三十九条补充规定:"企业因生产特点不能实行本法第三十六条、第三十八条规定的,经劳动行政部门批准,可以实行其他工作和休息办法。"

这里的"其他工作和休息办法"即是不定时工作制,关于不定时工作制的规定体现在《国务院关于职工工作时间的规定》第五条中:"因工作性质或者生产特点的限制,不能实行每日工作8小时、每周工作40小时标准工时制度的,按照国家有关规定,可以实行其他工作和休息办法。"

从以上法律条款中可以看出,工时制是我国基本工作时间制度之一,是企业生产、经营活动中必不可少的一种制度。实现了企业人力资源的有效配置,最大限度地调动了员工的积极性,提高企业工作融入和经济效益。

可见,建立工时制对企业发展是非常有益的,主要体现在如图10-1所示的四个方面。

① 提高企业的工作效率。工时制促使企业从粗放式经营向精细化经营的转变,因为工时制规定了明确的工作时间,要求在规定的时间内必须完成多少任务。这很大程度上就会促使企业在工作上更主动,更积极,提高工作效率。

② 调动员工工作兴趣。工时制可极大地调动员工对工作的兴趣,这是由于这种制度可充分反映出劳动付出与成果的关系。比如,同样八小时的工作时间,每个人做出的效果不一样,同样,得到的报酬也不一样。

图10-1 建立工时制对企业的好处

这就会使员工产生更大的内在动力，真正喜欢上自己的工作，主动去做。

③ 激励员工自我提升。工时制是一个衡量标尺，通过工时计算员工能力立分高下。它既给了优秀人才脱颖而出的机会，也让能力较差的员工看到差距，有了学习的前进动力。这对员工的自我提升是一种激励。

④ 为岗位设置提供依据。岗位设置得合理不合理从工时上就可以反映出来，在标准工时下，每天的工作量只有与部门或岗位的工时相配套，才说明是合理的。如果部门或岗位工作排得满满的，经常有超工时的情况出现，或者员工根本无事可做，那么就说明这个部门或岗位设置不太合理，就有进行调整的必要。因此，工时制可以为企业判断部门、岗位设置的合理与否提供一定的鉴别依据。

综上所述，工时制是现代化企业精耕细作，低成本运营的发展要求，对企业长远发展极为有益。那么，企业如何根据企业的发展要求建立合适的工时制度呢？

有管理经验的人都知道，任何一项管理制度的建立都必须按程序、分阶段地进行。工时制也不例外，需要先分清阶段。工时制有三个阶段，分别为工作项目任务化阶段、工时化阶段和定额化阶段，如图10-2所示。

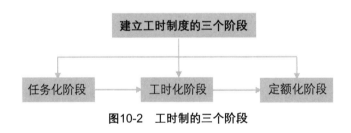

图10-2　工时制的三个阶段

① 任务化阶段。这一阶段是工时制的基础性阶段，以某个工作项目为例，假如这个项目需要一个月完成，任务化就是指，将整个项目分解为具体的某个任务，每道工序，或每个流程，看在规定的时间内能否完成所制定的工作量。

② 工时化阶段。工时化阶段是对工作项目的进一步细化，不过这次不是以工作时间为划分标准，而是以小时或天为准，要求全体员工做相同的工作，待所有的工作完成后看其所用的时间，即完成这一任务所使用的工时。

经过前两个阶段后，每位员工的工作效率就出现了差异，通过直观比较，就可以看出，每位员工的工作效率、精神饱满程度。

但由于对具体时间并没有进行相应规范，因此，报表反映的数据还存在一定的片面性，要真正使其发挥作用，这需要进入工时制管理的第三个阶段——定额化阶段。

③ 定额化阶段。在员工工作时间比较固定的基础上，就可开始进行工时定额的工作了。在此阶段，需要人力资源部、用人部门相互配合，对每名员工的工作项目所使用的工作时间进行综合评价、测算，最后进行定额计算，将工时与进行任务最大限度地结合，制订详细的定额工时计划，此时工时制基本成型。

工时制不仅仅是对工作时间的安排，而是由多个要素构成的制度体系。它包括工作时间、工作岗位、劳动报酬、休息时间、权利义务等，这些要素只有通过有效的组合才能实现真正的工时制，起到保护企业和劳动者的合法权益的作用。

10.2　工时制的三种类型

我国现行的工时制有三大类型，标准工时制度、综合计算工时制和不定时工作制。不同的企业、不同的工作性质，采用的工时制类型也不同。合适的工时制度，不仅能最大限度发挥人力资源效益，还能规避不必要的劳动争议纠纷。

案例10-1

2022年刘某入职某公司，岗位为电话销售，公司与其签订正式的劳动合同，合同中明确规定执行标准工时制。

半年后，由于刘某工作特别出色，被安排到其他岗位，同时还兼顾着原职位的工作。这样一来，他就需要经常加班。月底，刘某发现自己的工资不但没有涨，还没有了加班费，于是找领导进行交涉，公司给出的理由是从上个月起，所有销售岗位已变更为"不定时工作制"，按照规定不需要支付加班工资。并且拿出了一些法律条文，指出销售等岗位可实行不定时工作制。

刘某不服，便向劳动争议仲裁委员会提出申诉，要求公司支付其上月的加班费2000余元。仲裁委员会经过审理认为：公司申请对标准工时制进行变更，由于没有与当事人刘某商量，因而无效。双方在合同中约定的标准工时制仍然有效，按照合同的规定公司应该支付刘某加班费。

本案仲裁最终支持了刘某的请求，工时制的变更是本案争议的焦点，该公司与刘某在合同中约定使用标准工时制，却临时改为不定时工作制，属于劳动合同条款的变更，由于没有与当事人商量，取得当事人的同意，因此属于无效变更。

标准工时制、不定时工作制，是我国企业工时制度中常见的两种形式，我国现行的有三种工时制，具体如图10-3所示。

图10-3　我国现行的三种工时制度

标准工时制、综合计算工时制都属于定时工作制，即企业依据劳动者的工作时间计算劳动量和劳动报酬的一种形式；不定时工作制是企业根据特殊需求、需要对工作时间和劳动做调整的一种形式。相对于定时工作制，不定时工作制比较特殊，是我国一种比较特殊的工时制度，完全是根据用人单位的性质、工作特点而定的，执行起来也比较困难。

为了更好地了解这三种工时制，现分别对其进行详细阐述。

（1）标准工时制

标准工时制是我国运用最为广泛的一种工时制度，在此工时制下工作时间比较固定，每天工作时间为8小时，周工作时间为40小时。

需要延长工作时间的，法律做出了严格的限制。《中华人民共和国劳动法》第四十一条规定："用人单位由于生产经营需要，经与工会和劳动者协商后可以延长工作时间，一般每日不得超过一小时；因特殊原因需要延长工作时间的，在保障劳动者身体健康的条件下延长工作时间每日不得超过三小时，但是每月不得超过三十六小时。"

（2）综合计算工时制

综合计算工时制是指，以周、月、季、年等为周期，综合计算工作时间的工时制度。这类工时制是以标准工时制为基础，以一定的期限为计算周期，对某段时期内的工作时间进行综合计算。

根据劳动部《关于企业实行不定时工作制和综合计算工时工作制的审批办法》（劳部发〔1994〕503号）第五条规定，企业对符合下列条件之一的职工，可实行综合计算工时工作制。即分别以周、月、季、年等为周期，综合计算工作时间，但其平均日工作时间和平均周工作时间应与法定标准工作时间基本相同。

◇ 交通、铁路、邮电、水运、航空、渔业等行业中因工作性质特殊，需连续作业的职工；

◇ 地质及资源勘探、建筑、制盐、制糖、旅游等受季节和自然条件限制的行业的部分职工；

◇ 其他适合实行综合计算工时工作制的职工。

在了解综合计算工时制时，可把握以下三个特点。

① 以月、季、年为周期计算工作时间。

② 平均日（周）工作时间应当与法定标准工作时间保持一致。即某日（或周）的实际工作时间可以超过8小时（或40小时），但在约定的周期内不能超过法定的总工作时间。

③ 实行综合计算工时制，无论劳动者平时工作时间多少，只要在一个综合工时计算周期内，总工作时间数不超过标准工时规定的工作总时间数，不视为加班。若超过，则超过部分视为延长工作时间，并按《中华人民共和国劳动法》相关规定支付报酬。

（3）不定时工作制

不定时工作制是指，因生产特点、特殊的工作需要，或职责范围，工作时间不固定，无法按标准工作时间安排，需要采取一种更富有弹性的工时制的制度。不定时工作制大大满足了工作时间不确定性企业或员工的需求，有效降低了成本，提高了工作效率。

不定时工作制度有以下三个特点。

① 经批准实行不定时工作制的员工，不受《中华人民共和国劳动法》第四十一条规定的日延长工作时间标准和月延长工作时间标准的限制。

② 实行不定时工作制的员工，用人单位应采取适当的休息方式，确保员工的休息休假权利和生产、工作任务的完成。

③ 实行不定时工作制，除法定节假日工作外，其他时间工作不算加班。

为了更为直观地区分三种工时制，现以表格的形式做比较，如表10-1所列。

表10-1 三种工时制度比较表

种类	标准工时制	综合计算工时制	不定时工作制
性质	工作时间定工作量	工作时间定工作量	直接确定工作量
适用范围	一般劳动者	特定的三类人员	特定的三类人员
具体规定	8h/天，40h/周	周期内平均8h/天，40h/周	无固定时间要求
执行要求	不需要批准	需劳动部门批准	需劳动部门批准
加班规定	工作时间超过标准时间就算加班；休息日、法定节假日安排工作也是加班	一个周期内超过总标准工作时间算加班；休息日、法定节假日安排工作也算加班	一般不存在加班，只有法定节假日安排的工作才算加班

三种工时制地位是截然不同的，按照规定，标准工时制有绝对主导地位，应当而且必须是企业的首选，后两种属于辅助性的，在运用范围和流程上都有严格的规定，运用时需向有关部门申请。

10.3 如何使用特殊的工时制

因特殊需求，经有关部门批准，企业可实行特殊的工时制。实行特殊工时制的企业，在有关部门备案后，按照法定程序公示，对劳动者施行，其利益受法律的保护。

案例10-2

上海绿化原属于国企改制后的民营企业，是一家从事绿化养护、园林工程养护的企业，拥有养护工及管理员等员工40余名，因工作性质问题，企业常常需要对工作时间做出调整，比如调休、临时加班等，因此引发不少员工埋怨。

员工李××、谢××就是其中之一，由于对工作的不满，遂提出了辞职，并向公司索要加班费用及其他经济补偿共计13万元。调解不成，双方上了法庭。原告李××、谢××称，自进入公司以来，除了每年的春节、劳动节、国庆节各休息一天，其余时间，包括双休日都在上班，而公司从未发加班工资。

公司作为被告，称公司实行的是综合计时工作制，从未要求原告加班，事实上原告也不存在加班的事实，每天实际工作时间不超过4小时。

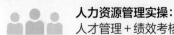

法院审理认为，原告应当对其工作期间是否加班承担举证责任。最后鉴于原告未能提供证明其在双休日加班的事实以及累计工作时间超过标准工时，主张的加班事实难以成立，故提出要求支付加班工资和经济补偿金的诉讼请求不予支持。

判决后，原告不服，上诉至上海市第二中级人民法院。经开庭审理，驳回上诉，维持原判。

本案绿化公司获得了最后的胜诉，本案争议的焦点是有无加班事实。本案绿化公司从事的工作主要系绿化养护，工作时间受季节、气候、天气等自然因素的影响很大，不需要员工长时间地待在工作场所，相反，只需要集中性、突击性上班，工作时间灵活机动。

根据法律相关规定，被告绿化公司实行综合计时工作制是符合法律规定的，根据《中华人民共和国劳动法》第三十九条规定："企业因生产特点不能实行本法第三十六条、第三十八条规定的，经劳动行政部门批准，可以实行其他工作和休息办法。"劳动部《关于企业实行不定时工作制和综合计算工时工作制的审批办法》第五条的规定："企业对符合下列条件之一的职工，可实行综合计算工时工作制，即分别以周、月、季、年等为周期，综合计算工作时间。"

所以，尽管该公司的确有周末上班、夜间上班的情况，但每周工作时间总和远远低于法定的40个小时，不存在加班事实。

由此可见，对于特殊的企业、特殊的工作，工时制的选择非常重要，而且往往需要多种工时制相结合的形式，那么，企业如何界定是否该使用特殊工时制呢？即要明确特殊工时制的适用范围。

根据劳动部《关于企业实行不定时工作制和综合计算工时工作制的审批办法》（劳部发〔1994〕503号）的第四条规定，企业对符合下列条件之一的职工，可以实行不定时工作制（表10-2）。

表10-2　不定时工作制的适宜人群

序号	适宜人群
1	企业中的高级管理人员、外勤人员、推销人员、部分值班人员和其他因工作无法按标准工作时间衡量的职工
2	企业中的长途运输人员、出租汽车司机和铁路、港口、仓库的部分装卸人员以及因工作性质特殊，需机动作业的职工

序号	适宜人群
3	其他因生产特点、工作特殊需要或职责范围的关系，适合实行不定时工作制的职工

实行特殊工时制需向相关部门报审，只有符合法律规定的才可实行，报审流程如图10-4所示。

图10-4　用人单位报审特殊工时制流程

在这里有一点十分重要，即在提出申请时，需要准备充分的申报材料。一般来讲，申报材料包括以下四类。

① 工作特殊性分析报告。

② 企业休息制度以及执行情况。

③ 劳动合同。

④ 相关的员工名册、考勤记录、工资表等其他材料。

只有经过前述四个步骤，并最终经行政部门审批批准，才能实施。如果企业擅自实行，即便双方在劳动合同中约定也是无效的，发生争议应按照标准工时制支付工资及其他费用。

在不定时工作制的审批上，有三类特殊情况需要注意：实行特殊工时制的时限一般为1~3年，时限已满需要继续实行的需要重新申报；企业变更名称、岗位和工种发生变化的，需要重新进行审批。对国家明确规定必须实行特殊工时制度的企业，可不履行审批手续。

10.4 关于加班的那些"规定"

关于加班，很多企业都很清楚，国家明确规定必须支付加班费，且对加班费支付标准做了明确规定。但在具体的实施过程中总是很难把握，与法律规定相悖。

> **案例10-3**
>
> 　　某公司经审批对销售人员和外勤人员实行不定时工作制，顾先生作为销售主管也在其列。2021年9月公司策划部与销售部共同制定了一套迎国庆7天宣传活动，计划在国庆长假期间，与大型商场合作，推出展台推广产品，所有销售人员均要参加这七天的活动。
>
> 　　活动结束后，公司没有支付这几天的加班费，但进行了调休。顾先生向公司提出要求，遭到了拒绝，说本身实行的就是不定时工作制，工作时间是不确定的，公司已经安排了集体调休，就不必支付加班工资了。
>
> 　　顾先生不满，向劳动争议仲裁委员会申诉，仲裁调解，公司应当向顾先生支付国庆节三天的加班工资，标准是这三天的每日工资标准＝原日工资标准乘以300%。

　　本案中顾先生及其员工的要求是合法的，《中华人民共和国劳动法》相关规定，明确指出，企业需要延长工作时间的，应按员工小时工资标准的150%支付加班工资；双休日加班的，应按员工小时工资标准的200%支付加班工资；在法定节假日加班的按其假期工资的300%支付加班工资。

　　国务院发布的《全国年节及纪念日放假办法》规定更为详细，除了国庆节（10月1日到3日）三天外，全体公民放假的还有元旦（1月1日），五一劳动节（5月1日）和春节（农历正月初一至初三），凡在这些天法定假日中安排职工工作的，用人单位都应该按法定的标准支付加班工资。

　　因此，本案例中该公司在国庆节要求员工加班，且不支付加班费是违法的。只要用人单位是在法定假日安排劳动者工作的，都应当按原工资标准的300%支付其加班工资。对于双休日加班和法定节假日加班的处理方式基本没有争议，但是很多企业对工作日加班存在错误的理解。认为法律法规对工作日加班，没有明确说明是否可以安排补休，那就可以打擦边球，按照双休日加班的方式操作，也是先给员工安排补休，这是错误的做法。

　　加班、加点费习惯称加班费，那么企业加班费如何来计算呢？这在相关法律中是有明确规定的。根据《中华人民共和国劳动法》《工资支付暂行规定》等规定，计算标准如图10-5所示。

八小时外

正常休息日

法定节假日

计件工资的加班费

综合计算工时加班费

图10-5 不同情境下加班工资计算方式

（1）八小时外

正常来讲劳动者每日工作8小时、每周工作40小时。企业安排劳动者在每天8小时之外延长工作时间应支付加班费。按照《中华人民共和国劳动法》第四十四条第一款规定，支付加班费至少不得低于小时工资标准的150%。

（2）正常休息日

企业如果安排劳动者在休息日工作又不能安排补休的，按照《中华人民共和国劳动法》第四十四条第二款支付加班费，即加班费不低于小时工资标准的200%。

（3）法定节假日

在法定日期安排劳动者工作的，按照《中华人民共和国劳动法》第四十四条第三款支付加班费，即加班费不低于小时工资标准的300%。

（4）计件工资的加班费

根据《工资支付暂行规定》第十三条规定："……实行计件工资的劳动者，在完成计件定额任务后，由用人单位安排延长工作时间的，应根据上述规定的原则，分别按照不低于其本人法定工作时间计件单价的150%、200%、300%支付其工资。

经劳动行政部门批准实行综合计算工时工作制的，其综合计算工作时间超过法定标准工作时间的部分，应视为延长工作时间，并应按本规定支付劳动者延长工作时间的工资。实行不定时工时制度的劳动者，不执行上述规定。"

（5）综合计算工时加班费

依据我国劳动和社会保障部2000年3月17日颁发的《关于职工全年月平均

工作时刻和工资折算问题的通知》："职工全年月平均工作天数和工作时刻分别调整为20.92天和167.4小时，职工的日工资和小时工资按此进行折算。"

因此，实行综合计算工作时间的，如果月平均工作天数超过20.92天，或者月平均工作时间超过167.4小时的，应该视为加班，即加班费不低于150%的工资。每月制度工作天数（即月平均工作天数）明确规定为20.92天，月平均工作时间为167.4小时。

加班费除了严格执行国家的规定外，还要看企业的实际情况。比如，业绩，业绩好会多些，发生劳动争议时也会根据企业的经营情况认定，至少支付150%的工资，但基数是多少是没有硬性规定的。

10.5 员工的节假日管理

根据国务院发布的《全国年节及纪念日放假办法》规定，我国节假日包括三类，法定节假日、适用于部分公民的节日、少数民族的节日。

按规定在以上节假日期间，全体劳动者应享受带薪休假的权利，因工作需要需加班的，用人单位支付相应的加班费。因此，作为企业必须明确节假日期间员工薪资发放的规定，并能根据特定情况做出合理的调整。

（1）法定节假日

法定节假日，是指根据国家风俗、习惯或纪念要求，统一规定的，用以进行庆祝及度假的休息时间。这一制度是国家政治、经济、文化制度的重要反映，涉及多个方面，与广大人民群众的切身利益息息相关。为出行、购物和休闲提供了时间上的便利。

对于企业来讲，法定节假日成为劳动者非常重要的一种休假制度，根据《全国年节及纪念日放假办法》第二条规定法定节假日，用人单位必须为劳动者安排休息。2022年法定节假日放假时间表如表10-3所示。

表10-3　2022年法定节假日放假时间表

节日	放假时间	调休上班日期	放假天数
元旦	1月1日～3日	视情况而定	3天
春节	2月18日（除夕）～24日	视情况而定	7天
清明节	4月4日～6日	无	3天

节日	放假时间	调休上班日期	放假天数
劳动节	5月1日~3日	无	3天
端午节	6月20日~22日	无	3天
中秋节	9月26日~27日	无	2天
国庆节	10月1日~7日	视情况而定	7天

按照国家规定，在法定假日，用人单位安排加班的，须在正常支付员工工资的基础上，按不低于员工本人日或小时工资的300%另行支付加班工资（具体办法上述已经讲过）。

（2）适用于部分公民的节日

除了适用于全体公民享受的节假日外，第二类是适合部分公民的节假日，包括：妇女节（3月8日妇女放假半天）、青年节（5月4日14周岁以上28周岁以下的青年放假半天）、儿童节（6月1日14周岁以下的少年儿童放假1天）、中国人民解放军建军纪念日（8月1日现役军人放假半天），具体如表10-4所示。

表10-4　部分公民享受节日放假时间表

节日	放假时间	适合人群	放假天数
妇女节	3月8日	妇女	半天
青年节	5月4日	14周岁以上28周岁以下	半天
儿童节	6月1日	14周岁以下	1天
中国人民解放军建军纪念日	8月1日	现役军人	半天

根据有关规定，全体公民放假的假日，如果适逢星期六、星期日，应当在工作日补假。部分公民放假的假日如果适逢星期六、星期日，则不补假。

（3）少数民族的节日

少数民族的节日，具体节日由各少数民族聚居地区的地方人民政府，按照该民族习惯，规定放假日期。根据国家有关规定，用人单位在除了全体公民放假的节日外的其他休假节日，也应当安排劳动者休假。

二七纪念日、五卅纪念日、七七抗战纪念日、九三抗战胜利纪念日、九一八纪念日、教师节、护士节、记者节、植树节等其他节日、纪念日，均不放假。

另外，因临时需求增加的节日，企业也应该按照要求放假，不能放假的按照劳动法相应的规定付加班费。比如，中国人民抗日战争暨世界反法西斯战争胜利70周年，国务院明确要求9月3日全体公民放假一天，为方便公众假日期间生产、生活，还特做调休，如下：9月3日至5日调休放假，共3天。其中9月3日（星期四）放假，9月4日（星期五）调休，9月6日（星期日）上班。

10.6　员工的休假管理

如果说法定节、假日是全体劳动者共有行为的话，那么，休假是针对某范围内，某一群体的特定行为，比如，婚丧嫁娶、年假、探亲假只适合当时有这种需求的人。这些节日具有很强的随机性、特殊性，是根据企业或劳动者实际需求而定的。

针对不同企业、不同员工，休假制度也会有所不同，企业在对这部分假日进行管理时不单要按流程办事，需要按照其不确定性、个体差异性有针对性地处理。

案例10-4

　　某公司组织员工去海南进行了一次为期10天的集体旅游（带薪），回来后，该公司统一取消了员工的年假，并拒绝发放这一期间的加班费用。有的员工认为，公司这样做侵犯了自己的休假权利，于是提出要求按时休年假，或者支付期间的加班工资。

　　可公司认为，10天的外出旅游，已经享受了带薪待遇，不应该再享受年假。

　　员工集体提出上诉，将公司告上了法庭，法院判定原告胜诉，认为，外出旅游是单位为员工安排的福利待遇，并不能取代员工享有年假的权利。

上述案例说明外出旅游这种福利待遇，尽管是高于法定之外的权益，值得鼓励，但不能以此抵消员工的其他法定休假权利。年假，是国家法定的假日，在《职工带薪年休假条例》中有规定："机关、团体、企业、事业单位、民办非企业单位、有雇工的个体工商户等单位的职工连续工作1年以上的，享受带薪年休假。"这是为了保障劳动者的身体健康权，任何单位任、何个人都不能以任何理由拒绝、缩短，甚至取消。

由此可见，企业在处理员工的休假问题时，不能将额外的待遇与休假权混为一谈，企业福利待遇应该与法定的节假日避免冲突；有冲突的，应当提前告知员工，以便其在享受福利待遇和法定年休假待遇之间做出明确的选择。

除了年假之外，员工还享受很多假期的权利，接下来就详细了解一下。

（1）员工享受的基本假期

① 事假。员工因私事不能按时上班的，记作事假。

② 病假。员工因病不能按时上班的，记作病假。

请病假须提交居住所在地区、县级以上人民医院开具的诊断书，需经批准方可离开；若因突发的疾病或受伤不能到岗的，病愈后需补交相关手续。超过10天病假的应视为长期病休。

③ 婚假。因结婚而需要休假的员工可享受10天的带薪假期，申请婚假时需提交国家有关部门的婚姻证明。婚假至少需要提前半个月向有关部门申请，经批准方可离开。

④ 丧亲假。因直系亲属（配偶、父母、子女及配偶的父母）去世享受休丧亲假的权利，最多可享受3天的带薪假。

⑤ 孕产假。女职工生育享受98天产假，其中产前可以休假15天；难产的，应增加产假15天；生育多胞胎的，每多生育1个婴儿，可增加产假15天。女职工怀孕未满4个月流产的，享受15天产假；怀孕满4个月流产的，享受42天产假。在产假后，未能及时到岗工作的，企业可将其视为辞职。

⑥ 护理假。女方晚育且领取《独生子女光荣证》的，男员工享受15天的带薪护理假。

⑦ 年假。签订正式劳动合同的、在企业服务满1年以上的员工可享有1年1次的年假。计算方法为，起止时间为从入职之日起至上年度12月31日止。职工累计工作满1年不满10年的，年休假5天；已满10年不满20年的，年休假10天；已满20年的，年休假15天。

员工有如表10-5所列的情形之一的，不享受当年的年休假。

表10-5　员工不享受当年的年休假的情形

序号	具体情形
1	累计工作满1年不满10年的职工，请病假累计2个月以上的
2	累计工作满10年不满20年的职工，请病假累计3个月以上的
3	累计工作满20年以上的职工，请病假累计4个月以上的

续表

序号	具体情形
4	单位可根据生产、工作的具体情况，并考虑职工本人意愿，统筹安排员工年休假
5	单位确因工作需要不能安排职工休年休假的，经职工本人同意，可以不安排职工休年休假。对职工应休未休的年休假天数，单位应当按照该职工日工资收入的300%支付年休假工资报酬

年假在1个年度内可以集中安排，也可以分段安排，一般不跨年度安排。公司因生产、工作特点确有必要跨年度安排员工年休假的，可以跨1个年度安排。

⑧ 工伤假。是指发生工伤事故后，治疗和休养所需要的时间，在这段时间里工资照发。因此工伤假期就是指员工发生工伤，需要停工进行治疗并保留薪酬的期限。

（2）员工休假期间的工资待遇

① 事假。无薪，基本工资、岗位工资（加班工资）全部扣除。

② 病假。病假（3天内）当天扣除20元，超过3天低于10天基本工资按60%发放，岗位工资全部扣除。

③ 医疗期（长期病休）。期间支付市最低工资标准的80%。

④ 婚假。带薪，基本工资、岗位工资（加班工资）不扣除。

⑤ 丧假。带薪，基本工资、岗位工资（加班工资）不扣除。

⑥ 孕产假。停发工资，由保险公司支付生育津贴。护理假：停发工资，由保险公司支付生育津贴。

⑦ 年假。带薪，基本工资、岗位工资（加班工资）不扣除。对应休未休的年假，在公司允许的情况下，按基本工资＋岗位工资的3倍进行核算。

⑧ 工伤假（停职留薪）。员工因工作遭受事故伤害或者患职业病需要暂停工作接受工伤医疗的，在停工留薪期内，员工工资福利待遇不变，由所在单位按月支付。

伤情严重或者情况特殊者，经市级劳动鉴定委员会确认，可以适当延长，但延长时间不得超过12个月。

企业与员工解除或者终止劳动合同时，对当年应休而未休年假的，应当按照当年已工作时间折算给予工资报酬。可按天折算，不足1天的可不支付。计算方法为：当年已过天数÷365天×员工本人全年应享受的年休假天数－已年休天数。

第 11 章

案例分析：人力资源管理实战应用与分析

对于任何一家成功的企业而言，人力资源管理对于他们来说都是非常重要的。不仅如此，成功的企业还会根据发展战略来建立和完善具有自身企业特色的人力资源管理制度，从而在强手林立的企业界谋求生存和发展。

11.1 华为：始终坚持"以人为本"的根本

华为是中国最早将人才作为战略性资源的企业，它"以人为本"的理念为自身的成功奠定了人才基础，持续不断地推动企业向前发展。"以人为本"具体体现在"以客户为中心，以奋斗者为本"，这是华为人力资源管理的核心，抛开了以往"以HR功能为出发点"的观点，始终坚持从价值出发，强调用户导向的专业价值。

众所周知，人力资源管理的瓶颈就在于，大部分人在做人力资源管理时都是基于HR的功能模块而做的。人力资源管理有六大模块，分别为战略性人力资源规划、招聘与配置、培训与开发、绩效管理、薪酬福利管理、劳动关系管理，而且相互之间往往是独立运作。其实，这种模式是不利于企业人力资源管理工作开展的。

下面来看看，华为是如何运用这六大模块的。

（1）战略性人力资源规划

战略性人力资源规划奠定了一个企业人力资源管理的基准，指明了管理的目标和方向。

华为针对战略性人力资源规划的制定、实施、评估及反馈制定了明确的规章制度：华为基本法。用"法"来规范和约束，确保人力资源规划符合人力资源战略，实现与企业战略的有机结合，满足企业战略实施的需要，也标志着实现了由"人治"到"法制"的转变。

华为的人力资源规划还会根据不同时期的战略和目标，结合人员需求和供给状况的分析结果，进行调整和优化。从而建立起完善的内部劳动力市场，在企业人力资源管理中引入良性竞争和选择机制；建立起内、外部劳动力市场的相互转化，促进优秀人才脱颖而出，实现人力资源的合理配置和沉淀激活，使人岗高度匹配，人适合职务，职务更适合人。

（2）招聘与配置

华为认为，判断一个企业的招聘是否有效，主要体现在如表11-1所列的四个方面。

表11-1　判断一个企业的招聘是否有效的标准

序号	标准
1	是否能及时招到所需人员以满足企业需要
2	是否能以最少的投入招到合适人才
3	把所录用的人员放在真正的岗位上是否与预想的一致、是否适合公司和岗位要求
4	"危险期"(一般指进公司后的六个月)内的离职率是否为最低

根据表11-1所列的四个标准，再结合自身的实际，华为制订了一套详细的招聘原则，力求实现招聘效益的最大化。招聘原则具体如下。

① 强调"双向选择"。"双向选择"是现代人才流动的观念，具体是指企业与应聘者要平等地、客观地交流，双向考察，看彼此是否真正适合。华为在招聘时特别向招聘人员强调"双向选择"这一条，不要为吸引应聘者，故意美化、夸大企业。有些企业对存在的问题避而不谈，以致应聘者过分相信宣传而对企业满怀期望。一旦进入企业，发现并没有设想的那样好，就会产生失落、上当受骗的感觉，挫伤工作积极性。

② 坚持有针对性的招聘策略。企业选人，由于目的不同，招聘策略也不同。华为近几年的招聘都是针对高校应届毕业生展开的，因此它更注重应聘者的发展潜力和可塑性，希望经过几年的培养，可以在将来用人的时候发挥作用。

③ 用人部门要现身考场。招聘不只是人力资源部的工作，更是上至CEO下至部门主管所有人的工作，用人部门对招聘的配合、支持程度如何，直接决定了招聘的成败。华为要求在招聘过程中，用人部门和招聘部门一起完成招聘工作。

④ 招聘充足的人才信息储备。招聘中常会有一些条件不错，且适合企业需要的人才，因为岗位编制、企业阶段发展计划等因素限制无法现时录用。很多企业因此很可能错过了人才，华为绝不会轻易发生这样的情况，因为华为的人力资源中心会将这类人才的信息纳入企业的人才信息库(包括个人资料、面试小组意见、评价等)，不定期地与之保持联系，一旦将来出现岗位空缺或企业发展需要，即可招入麾下，既提高了招聘速度也降低了招聘成本。

（3）员工培训

华为已经形成了自己的培训体系，有自己的培训学校、培训基地和网上学校，通过这个完善的培训体系，可以对所有华为人进行培训。

华为的培训主要有三种，分别为上岗培训、岗中培训、下岗培训，具体如表11-2所示。

表11-2　华为的培训类型

培训类型	培训内容
上岗培训	接受上岗培训的人主要是应届毕业生，主要包括军事训练、企业文化、车间实习与技术培训和营销理论与市场演习等部分
岗中培训	有计划地、持续地对员工进行充电，让员工能够及时了解通信技术的最新进展、市场营销的新方法和公司的销售策略
下岗培训	对于无法适合本岗位的员工，华为会给这些员工提供下岗培训。主要内容是岗位所需的技能与知识。经过培训还是无法适合原岗位，华为则会提供新职位的技能与知识培训，帮助他们继续成长

（4）激励措施

① 薪酬激励。华为的薪酬是多层面的，包括工资、奖金、津贴、股权、红利、职权、退休基金、医疗保障、社会保险等。并坚持报酬的合理性、公平性和竞争性，动态实施。

华为薪酬的动态实施内容主要体现在如图11-1的三个方面。

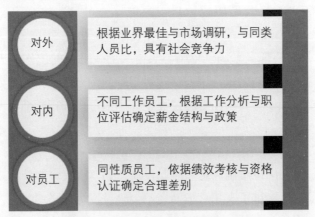

图11-1　华为薪酬的动态实施内容

最可贵的是，华为为员工制订了安全预付退休金制度，其分配依据是按照员工的劳动态度、敬业精神所做的评定，为每个员工建立个人账户，每年向他们发放退休金，离开公司时这笔钱可随时带走。

② 股权激励。华为用股权分配的方式使劳动、智能和企业家的管理、风险得到合理回报，但股权分配不是搞平均，而是与贡献大小成正比。华为每年

都会考评出每个人的股权额度，有特殊贡献的就以股权额度报偿、奖励。这样，总股本年年调整，那些不再做贡献的员工，在"摊薄"的股份中将减少收入。

③ 荣誉激励。华为的荣誉奖有两个特点：第一，面广人多，员工很容易在毫无察觉的情况下得知自己获得了公司的某种奖励。只要你有自己的特点，工作有自己的业绩，就能得到一个荣誉奖。第二，物质激励和精神激励紧紧绑在一起。只要员工获得了一个任意的荣誉奖，就可以随之得到一定的物质奖励，而且荣誉奖没有上限。

④ 职权的激励。在华为职位不单单是权力的象征，而且也是收入的象征。如荣誉奖，华为把职权和货币收入捆绑在一起。得到一个比较高的位置，从这个位置上获得的收入是起源收入的若干倍。对于知识员工来说，他们需要追求个性的发展，获得更大的发展机会。追求人力资源的增值恰好是华为的重要目标，他们强调人力资本不断增值的目标优先于财务资本增值的目标，并努力为员工提供成长和发展的机会，以激励员工。

如公司为员工提供了大量的培训、参观和学习的机会，华为公司的员工不再被看成是雇员，不是用过后就可以被丢弃的对象，而是公司的主人，随公司的成长而发展。作为主人，员工在企业内更享有建议权、质疑权和获得帮助等系列的权利，能够获得公司开放的资源，这样，员工在有需要时就能够很方便地得到企业资源的滋养，因而更容易获得成长的机会。职权的激励在华为是非常重要的，为华为留住人才起到了非常大的作用。

（5）绩效考核管理

考核和薪酬紧密联系，并不意味着考核仅仅是为报酬服务。华为的绩效考核以绩效的改进为目标。主管要对下属进行辅导、检查，再做出评价。和下属的沟通列入了对各级主管的考评。

华为建有一套以绩效目标为导向的考核机制，将业绩考核纳入日常管理工作中。针对绩效考核，华为根据公司的战略，采取综合平衡记分卡的办法。平衡记分卡的运用关键在于体现平衡：关于短期目标和长期目标的平衡；收益增长目标和潜力目标的平衡；财务目标与非财务目标的平衡；产出目标和绩效驱动因素的平衡及外部市场目标和内部关键过程绩效的平衡。华为从战略到指标体系再到每一个人的指标，都经过平衡记分卡来达到长短目标、财务非财务目标等各个方面的平衡。

华为的绩效管理强调以责任结果为价值导向，力图建立一种自我激励、自我管理、自我约束的机制。通过管理者与员工之间持续不断地设立目标、辅导、评价、反馈，实现绩效改进和员工能力的提升。

人力资源管理的六大功能模块的组合，不应该成为企业最关心的，企业应该关心的是通过模块管理使价值最大化。华为的人力资源管理六大模块不是独立运营的，而是根据用户导向、业务伙伴，聚焦价值创造，实现人力资本价值提升。

而要做到这一点，关键是做好如图11-2所示的三点。

关注人才动态配置　　关注人才的质量　　关注人才的激励

图11-2　实现人力资本价值提升的三个做法

① 关注人才动态配置。在中国企业50%左右人岗不匹配，这使得人力使用成本极高。所谓动态，现在合适，未来不一定就合适；现在不适合，未来不一定就不合适。

看人力资本投资回报率（ROI），一定要看员工的离职周期，让我们看看中国企业离职率调研报告：1年内离职的员工占49.7%，1～3年内离职的员工占37.9%，3～5年内离职的员工占9.1%，任职5年以上离职的员工占3.2%。

离职率高原因是多方面的，其中一个不容忽视的问题是面试准确率低。面试准确率中国大部分企业的平均水平是在30%上下，而华为能达到75%，全球做得最好的是GE公司在80%左右。前GE总裁杰克•韦尔奇曾经说过，"我花了30年的时间研究人才识别技术。人才识别技术对人才配置很重要，而人才配置之人岗匹配对人力资本价值提升至关重要"。

关键岗位的人岗匹配，有些人适合做创业型企业领导者，有些人适合做规范型企业领导者，有些人适合做企业运营管理者，有些人适合做专家。通俗地说，有的人适合冲锋陷阵打市场，而有的人适合看家护院搞运营，华为的经验就是价值趋同，优势互补。

② 关注人才的质量。人才的质量一个靠"造"，一个靠"买"，"造"是自己培养，"买"是外部聘请。员工能力的不足，是人力资源最大的损耗成本。好人才是免费的，不好的人才是最贵的。人才不是能力最重要，而是匹配

最重要。

　　企业如何提高人才质量是个较复杂的话题，在这里要强调是，若一名员工不能完全胜任工作，企业每天都要因为这名员工的低工作效率、失误而承担巨大的费用；一个员工如果不能快速胜任工作，那么他就会消耗公司的资源，对公司的贡献度是个负数。这个状态持续时间越长，对企业越不利，所以一定要让员工快速胜任工作，快速进入投资回报期。

　　③ 关注人才的激励。激励到哪里，士气和战斗力就到哪里。华为的股权激励方式和利润分红方式，是多数企业想学但不敢去做的，而华为另外两个与人才激励有关的观点是值得所有企业去践行的。

11.2　小米：员工培训＋绩效考核＋薪酬福利

　　小米，一个2010年3月才创立的公司，只有短短的十多年，其年收入已经跨过千亿元大关，业务遍及全球80多个国家和地区，而且在2019年还跻身于世界500强。无疑是成功的典范。那么，对于这样的后起之秀，它在人力资源管理制度上究竟有哪些特色呢？

（1）员工培训

　　在小米，不同类型的员工都有相应的培训策略。比如，新入职员工的培训更注重价值理念、企业文化的传达，然后才是提高员工的工作能力。这种培训方式能够使员工快速把握好定位，迅速融入小米这个大家庭，从观念上提高员工对企业文化的认可度，使员工个人成长目标与企业的发展方向保持一致。

　　具体措施如图11-3所示。

1　制订具体的计划

2　注重实战，重视落地

3　建立信息共享平台

图11-3　小米在员工培训上的具体措施

　　① 制订具体的计划。首先，小米于2019年7月针对新员工，特别是应届生推出了"YOU"计划，以帮助新员工迅速融入工作，此计划覆盖小米集团千

余名新员工。同时，针对中高级干部，小米专门推出了"燃"计划，这是小米第一次在内部进行管理人员培训。

② 注重实战，重视落地。小米在培训的具体实施中喜欢用一线实战的业绩明星来担任讲师，同时使用大量的AI技术，这样的课程更加贴近实际，更能落地；同时，转变运营模式，将培训部门从原来的成本中心转变为利润中心，向培训部门要效益。

③ 建立信息共享平台。小米还建立了自己的信息共享平台"小米wiki"，面向所有员工开放，供他们在平台上发布工作经验，或者与内部成员共享编程代码，所有员工都可以使用搜索工具获取这些内容。该平台为员工之间的沟通交流提供了有力的支撑，也为员工的工作提供了诸多便利，从而来提高员工的工作能力。

（2）绩效考核

有人说小米公司没有KPI考核，其实，这种说法是错误的，一个员工量庞大的企业，如果没有具体的KPI绩效指标考核，很难想象它的业绩是如何出来的？难道就是靠情怀，靠心理激励吗？肯定不是。

之所以说小米没有KPI考核，意思是没有刻意去追求KPI那些冰冷的数字，考核制度还是很完善的。小米公司将重点放在产品和用户身上，就像它使命中说的：始终坚持做"感动人心、价格厚道"的好产品，让全球每个人都能享受科技带来的美好生活。

小米更加注重员工给用户提供的服务，以及与用户之间的交流互通。所以，在小米，很难看到具体的考核标准，人事主管不会对员工的绩效完成进度实施监督，只是在年底要求员工提交绩效自评报告。接下来主管领导会将报告情况与员工进行沟通，然后完成最终的评估。

当然这也与小米公司的具体情况有关。

① 互联网行业特点。小米所属领域的发展特点及其发展战略，对小米员工考核的模式也有很大影响。小米作为互联网高新技术企业，由于技术的革新时时刻刻都处在快速变化中，企业采用的绩效考核标准无法满足变化中的发展需求。因此，小米只是确定总体的绩效评价，而无具体的评价标准。

② 小米的企业文化。小米的企业文化突出强调员工的自发参与，给员工提供了自由发挥的余地，对员工的限制比较少，员工可以自由上下班。这种组织文化更有利于激发员工的潜力，小米高层管理者认为，企业让员工保持创业心态，发挥他们的主观能动性，积极投入工作当中。

相反，如果设置固定的绩效指标考核体系，要求员工遵守条条框框，则会扼杀员工的创造力，不符合小米的企业文化与精神理念，所以小米才没有将绩效指标作为唯一的员工考核标准。

③ 小米的多元化发展战略。小米采用的是多元化发展战略，不同业务，对应不同的职位安排与组织结构，业务板块重组在公司内部比较普遍。在这种情况下，设置具体的绩效考核指标并没有多大价值。

（3）薪酬福利

小米公司的员工薪资除了采取高于竞争对手的激励政策外，还提供很多"软性福利"，包括衣食住行等多个层面，具体内容如表11-3所列，让员工感受人性化关怀。由此，对人才的吸引力也很大。

表11-3　小米公司衣食住行等多个层面的福利

福利	具体内容
衣	为员工准备了工装，并且会根据季节变化发放相应的服装，体现公司的周到之处
食	开办了自己的食堂，能够解决员工的就餐问题，且价格非常实惠。与此同时，与周边的餐厅建立了合作关系，员工消费时可获得优惠
住	联手多家房地产中介，向员工提供公司周边的房源，员工通过公司合作的中介入住时不用交中介费
行	可以乘坐公司专用车来往于公司与地铁站之间

另外，在其他方面小米也为员工提供了诸多福利。包括推出电子产品内购活动，员工可以用优惠价格购买电子产品；为员工配备工程机型的手机产品，员工工作满一年则可转为私人财产；工作满五年的老员工可荣获"金米兔奖"等。

这些福利不会给公司带来多大的成本消耗，但能够给员工提供诸多便利，拉近了公司与员工之间的距离，激励员工全身心投入工作中，能够提高员工对企业文化的认可度，增强企业内部的团结性，帮助企业留住优秀人才，进而提高企业发展的可持续性。

综上可见，小米建立起了一套适合自己的人力资源管理模式，并且随着外界环境的变化以及自身发展的需要，这种人力资源管理模式还在不断的完善与更新之中。所以，做人力资源管理，并不是制订后就不需要改变了，否则，就很容易让企业的管理陷入僵局，毕竟时代在发展，企业在进步，人才在更新，不同时代就需要用不同的管理制度来满足企业的运营，不然，就有可能导致内部管理秩序失调，从而影响整个公司的运作。

11.3 腾讯：SDC打造人力资源管理双引擎云平台

SDC是（Shared Deliver Center）的缩写，译为"共享交付中心"，或"共享数字化产品中心"（Shared Digital Products Center）。无论是交付中心还是共享数字化产品中心，它的特定内涵和角色定位是一样的，以及区别于人力资源SSC（共享服务中心）的特点和能力也是一样的。

提到SDC，不得不说SSC。SDC是在SSC基础上发展起来的，SDC、SSC都是HR在数字化发展过程中的一种形式，差别在于职能的定位。

SSC的职能定位是交付/执行，重点在于提高执行效率，而设计方案、发现问题则是COE（专家中心）、HRBP（人力资源业务伙伴）范畴的事。如图11-4所示是SSC、COE、HRBP三者之间的关系。

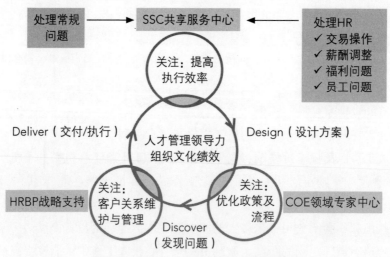

图11-4　SSC、COE、HRBP三者的关系

随着SSC的成熟，及企业赋予它的职能越来越宽泛，与COE、HRBP的边界逐渐被打破，融合度越来越高。职能定位也不再局限于交付/执行，还会担负着设计方案、发现问题、数字化建设，逐步向"多元服务与业务增值"转变。在这种背景下SDC应运而生。

综上所述，SDC可以被赋予四个职能，分别为D：Deliver（交付/执行）、

Digital（数字化）、Design（设计方案）、Discover（发现问题）。

腾讯SDC，除薪酬部分（腾讯的薪酬部分具有特殊性，其内部建有完整、独立的薪酬部门）外，已基本涵盖HR运营的全部职责模块。旨在让腾讯的管理艺术完整传承，一是把共性的HR事物传承下来，让总部的各类HR管理举措在不同区域无缝承接；二是让处于不同发展阶段的各个事业群的管理经验，在公司层面、其他事业群借鉴运用。

为此，腾讯人力资源平台部建立了三个具有HR平台特性的服务和咨询机构，具体如图11-5所示。

图11-5 腾讯三个具有HR平台特性的服务和咨询机构

（1）按区域集成的共性HR解决方案服务和咨询机构

职责是清晰地被界定为从HR角度，为各BG（事业部）的发展提供高效、周到、细致的业务支持和服务管控，提供让公司和BG更信任的HR共享资源管理平台。

其职责具体表现如表11-4所示。

表11-4 区域集成的共性HR解决方案服务和咨询机构职责

序号	机构职责
1	负责区域的人才招聘、人才培训、综合HR事务服务平台的建设和运营，确保公司各项HR战略、政策、措施在区域的传承和落地有充分的资源平台支持
2	满足区域业务长期发展和持续成功对HR专业服务支撑的需求
3	满足区域员工对组织氛围、各种HR服务的需求

（2）HR信息化建设服务和实施机构

HR全面信息化建设即为人力资源体系经络的构建，既需以人为本，并且将增值的流程保留，也需将人力资源体系的信息化脉络搭建。

其职责具体表现如表11-5所示。

表11-5　HR信息化建设服务和实施机构职责

序号	机构职责
1	输出HR信息系统建设机制和流程，并推动优化和落地执行，确保企业内部HR系统的有序性、高效性、安全性
2	深入挖掘和快速响应HR业务部门和HR系统用户的需求，通过专业化需求分析，总结和提炼出与HR系统建设规划相匹配的方案，并推动开发实现
3	承担HR系统的运维工作，跟踪HR系统的运行健康度，通过各类数据的分析，找寻HR系统待改进提升的"优化点"，转化为新的需求规划，推动HR系统循环改进

（3）基础人事运营服务和咨询机构

基础人事运营服务和咨询机构是以提高效率、降低成本、提升服务满意度为目标，以共享、标准、高效为特点，处理各种HR重复性、操作性事务的集成化服务平台。基础人事运营服务和咨询机构分为"经济"基础、运营管理、服务质检体系三个层面。

其职责具体如表11-6所示。

表11-6　基础人事运营服务和咨询机构职责

序号	机构职责
1	"经济"基础：即底层的运维有效性管理，包括成本–价值理念、资源规划与投放、关键指标体系
2	运营管理：包括运营平台建设和信息系统建设两个部分，涵盖交付管理（业务接入、业务标准化、交付控制）、数据管理（服务数量、人力布局）、作业平台系统建设、呼叫系统建设、知识库系统建设等多方面的内容
3	服务质检体系：关注多维客户，确保各种能力的循环改进

腾讯SDC实行职责与流程逐一覆盖的原则。虽然平台的建立需求是自上而下的，但是整个建立的过程则是以阶段性的成果为导向逐步实现的。

腾讯在建立任何与人力资源有关的体系或架构时，都是以解决当前问题为切入点，在解决问题的过程中建立长效的运营机制。腾讯一直秉承着在不影响业务发展的情况下，验证平台价值并逐步覆盖职责的理念。但是，通过解决问题体现价值只达到了第一个目标，怎样将这种解决问题的能力保留下来，并且体系化、可持续化下去，才是建立平台的真正目标。

覆盖的职责多，是腾讯SDC体系的特色，其实除了职责覆盖之外，还有两个特色，分别为用户体验和员工激励。

① 关于用户体验。腾讯SDC中的很多业务可以通过微信实现并且产生互动。例如员工需要公司开具收入证明，腾讯微信会针对所有内部员工开启一个叫作"HR助手"客户端。用户在HR助手页面上只需用手指简单进行几项操作，这样的需求就能直接被后台受理。

后台的受理过程会对员工的身份进行验证和鉴别，并将该员工的个人内容放入模板，输入人名后进行打印盖章，随后递交到该员工最近的HR服务窗口并通过微信通知员工前来领取。

作为一家互联网行业的领军企业，腾讯将用户的体验与感受放在首位，并试图把HR的工作通过公司的产品思维进行结合与实现。

② 关于员工激励。腾讯SDC属于多地域管理。跨地域管理的优势在于可以将平台打通，资源整合。例如在北京的HR会非常清楚上海的运营业务状况，上海HR团队的成功经验，可以通过这样的信息流通在北京进行成功复制。各地HR团队的全局性和整合性是平台员工最大的价值。在实现价值的同时，平台员工充斥着自豪感和对未来的期许，这是对员工非常独特的激励方式。

11.4 博能：首次引进MBO绩效考核体系

MBO的提出在管理学上具有划时代意义，与学习型组织和企业流程再造（BPR）并称为20世纪最伟大的三大管理思想。目标管理（MBO）由管理学大师彼得·德鲁克在1954年最先提出来，并率先在通用电气公司（GE）实行，取得了很大的成功。20世纪50年代以后，广泛运用于欧美企业，80年代末传入中国。

博能顾问公司是最先使用这种考核方法的中国企业之一，该公司成立于1992年，是一家综合性咨询机构，主要从事公关、广告、企业管理等业务。

1996年总裁张伟嘉加入该公司，同时带来了曾在DEC、SSA等美国企业任职时积累的管理理念和经验。最为重要的就是建立MBO体系，具体为将公司的整体目标分解到各部门，分解到组，然后由组到人。

在对个人的考核上，博能建立了一个很完善的"三联单"式MBO计划书。这份计划书一式三份，分别由员工本人、部门经理和人力资源部各执一份。这份计划书是由员工与其直接经理沟通，共同制订的，内容主要涉及自己上个月的完成情况，下个月的工作目标（逐项量化），并进行打分。

整个考核体系由每月的MBO（Management by Object，目标管理）评估全体员工，针对优秀员工评选，针对中、高层管理人员的年终考核，针对部门经理年度优秀经理人评选。无论对哪个阶层人士的评估，必须以每月一次的MBO考核为基础。

MBO的评估结果与当月奖金直接挂钩，如果MBO所列的各项目标全部完成，该员工即可得到相当于其基本工资40%的奖金。

博能实施MBO考核制度以来一直在不断完善。并从内容和形式上与本土优势资源相结合，就是"结果导向"，这也是博能的一个核心价值观，就是说在博能公司重视功劳，而不看重苦劳，着眼的是结果，而不是过程。

可以看出博能的MBO考核之所以能够落到实处，最重要的是有明确目标的引导。博能特殊的绩效考核体系，与博能的业务、价值观、经营目标完全融为了一体，成为管理活动中主要的内容，因此也达到了预期的目标，一是提高了整体绩效水平，提高企业的经济效益；二是对员工进行甄别与区分，使得优秀人才脱颖而出，有利于个人职业的发展。

MBO的最大特点是以人为本，强调员工参与管理，有效调动了员工的积极性。很多企业在运用MBO时都陷入了一个误区：即忽略了员工的参与。一般都是企业高层制订年度目标，然后将该目标强行分摊给各部门，部门再分摊到每位员工身上。在这个过程中，员工只是被动地执行，始终没有参与到其中去。因而，大多数目标难以得到基层的认同，执行起来自然大打折扣。

在MBO的实施上要遵循"四共"原则，即共识、共担、共享和共赢，具体内容如图11-6所示。

尽管MBO是绩效考核中一种非常重要的工具，但在实际操作中也存在许多缺点，主要表现在以下四个方面。

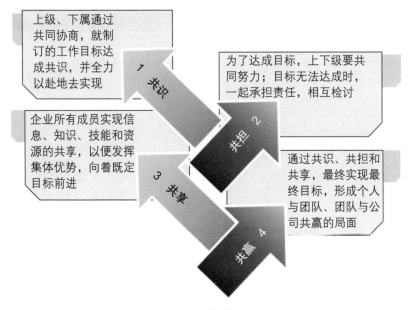

图11-6　MBO实施要遵循的"四共"原则

（1）目标难以制订

随着企业内外环境变化得越来越快，可变因素越来越多，不确定性越来越大，这使得考核活动也变得日益复杂，许多考核项目难以明晰地界定，考核目标难以定量化、具体化。

（2）目标管理成本比较高

目标管理需要上下级之间进行充分的沟通，达成高度统一的共识，而这是个很长的过程，需要投入大量的人力、物力和时间成本。

（3）时机不成熟，条件不够充分

目标管理很好实施的前提条件是被考核者自觉性要高。而在许多企业对员工是无法做到这点的，再加上企业监督不力，目标管理所要求的承诺、自觉、自治气氛难以形成。同时，目标管理对管理者的素质要求也比较高。在许多企业中有些管理者也是不合格的，独断专行，难以充分听取下属的意见。

（4）急功近利

每个部门、个人只关注自身目标的完成，从而忽略了企业总体目标的实现，从而滋长本位主义、临时观点和急功近利倾向。

11.5 沃尔玛：独特人力资源管理之道成就巨头零售商

沃尔玛是世界上最大的零售业企业之一，创造了世界零售业史上多项辉煌的奇迹。究竟是什么使沃尔玛打败业内的所有巨头，独树一帜呢？就是人力资源的管理。

比如：充分尊重劳动时间，为额外劳动支付额外报酬，不让奋斗者吃亏；流程清晰明确，让任何事情皆有章可循，保证三军不惑；评估体系完整，有功必赏有过必罚，确保公正合理；注重技能培训，为员工赋能的同时为企业赋能；注重内部晋升，给员工创造希望的同时，避免使用外来空降兵造成水土不服。

零售业的竞争归根结底是人才的竞争，沃尔玛最独特的优势是其员工的献身精神和团队精神。山姆·沃尔顿和他的继任者也一再强调人对沃尔玛的重要性，员工被视为公司最大的财富。

长期以来，沃尔玛致力于为每位员工提供良好和谐的工作氛围，完善薪酬福利制度，开阔职业发展空间，在吸纳、留住、发展人才方面已经形成了一整套独特的政策和制度。

（1）吸纳人才

沃尔玛吸纳人才主要有两大途径，一个是从公司内部选拔现有优秀人才，另一个是从外部适时引进高级人才，补充新鲜血液，以丰富公司的人力储备。

沃尔玛在招聘外部员工时，对于每一位应聘人员，无论年龄、性别、地域等都为他们提供平等的就业机会。自1998年起沃尔玛就开始实施见习管理人员计划，即在高等院校举行职业发展讲座，吸引大批优秀的应届毕业生进入企业，经一段时间培训后充实到各个岗位，此举极大缓解了公司业务高速扩展对人才的需求。

正如沃尔玛总裁兼首席执行官大卫·格拉斯说，"是我们的员工创造了沃尔玛的价值体系"。员工是公司的主体，尊重员工，与员工建立利益共享的伙伴关系，最大限度地挖掘员工的创造潜力，让每一位员工充分实现个人的价值，在各项工作中达到卓越的境界，这样才能真正使企业站在较高的起点上，实现跨越式发展。

（2）发展人才

沃尔玛管理者在不断探索中，逐步认识到加强对员工的教育、培训是提高人才素质的重要方式。因此，沃尔玛把加强对现有员工的培养看作是发展人才的首要任务。

沃尔玛对员工的培养方式主要有如图11-7所示的三项。

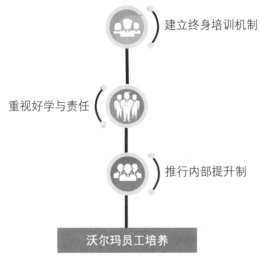

建立终身培训机制

重视好学与责任

推行内部提升制

沃尔玛员工培养

图11-7　沃尔玛对员工的培养

① 建立终身培训机制。沃尔玛针对员工的培训和教育，建立了一套行之有效的机制，并投入大量资金予以支持。各分公司必须于每年9月份与总公司国际部共同制定，并审核年度培训计划，包括任职培训、升职培训、转职培训、全球最佳实践交流培训和各种专题培训。在每一个培训项目中又包括30天、60天、90天的回顾培训，以巩固培训成果。

培训又分为不同的层次，有在岗技术培训，如怎样使用机器设备、如何调配材料；有专业知识培训，如外国语言培训、电脑培训；有企业文化培训，灌输沃尔玛的经营理念。更重要的是沃尔玛根据不同员工的潜能对管理人员进行领导艺术和管理技能培训，这些人将成为沃尔玛的中坚力量。

沃尔玛非常注重分店经理的业务能力，并且在做法上别具一格。沃尔玛最高管理层不会直接指导他们怎样做，而是让他们从市场、其他分店学习。例如，沃尔玛的先进情报信息系统，为分店经理提供了客户行为的详细资料。

此外，沃尔玛还提供多项培训机会，定期送各分店经理到公司总部，参加有关市场趋势、商品采购的研讨会。甚至装置了卫星通信系统，经常召开电话会议，分店经理无需跨出店门便能彼此交换经验，相互进步。

② 重视好学与责任。沃尔玛创始人山姆先生十分推崇美国人工作认真、待人友好的态度，因此在用人中注重的是能力和团队协作精神，学历、文凭并不十分重要。在一般零售公司，没有10年以上工作经验的人根本不会被考虑提升为经理。而在沃尔玛，经过6个月的训练后，表现良好、具有管理能力、销售能力的员工，公司就会给他们足够的机会，先做助理经理或去协助开设新店，如果干得不错，就会有机会单独管理分店。

③ 推行内部提升制。沃尔玛曾经推行的是"招募、保留、发展"的用人之道，后来改为"保留、发展、招募"的模式。沃尔玛人力资源部资深副总裁科尔门·彼得森说："这种改变不仅是语意的改变，它表明了对保留与发展公司已经具有的人才的侧重强调，而不再是公司以前的不断招聘的用人特点。"公司期望最大限度发挥员工的潜能并创造机会使其工作内容日益丰富和扩大，尽可能鼓励和实践从内部提升管理人员。

针对每一位员工的表现，人力资源部门会定期进行书面评估，并与员工进行面谈，存入个人档案。据了解，沃尔玛对员工的评估分为试用期评估、周年评估、升职评估等。评估内容包括这位同事的工作态度、积极性、主动性、工作效率、专业知识、有何长处以及需要改进之处等。这些将作为员工日后获得晋职提升的重要依据。

及时发现人才，并积极创造环境，以最大限度地发挥人才潜力是沃尔玛的人才观，正因如此沃尔玛才会有当今的成功。

（3）留住人才

留住人才是所有企业都在致力做的一件事情，沃尔玛在留人上更是独具特色，主要体现在如图11-8所示的三个方面。

① 把员工当作合伙人。合伙人制度近些年逐渐为广大国内企业家所熟知，其实，早在1962年沃尔玛便提出了"员工就是合伙人"的独特理念，创始人山姆·沃尔顿则强调："沃尔玛业务75%是属于人力资源方面的，是那些非凡的员工肩负着

图11-8　沃尔玛留住人才的三个做法

关心顾客的使命。把员工视为最大的财富不仅是正确的，而且是自然的。"

在践行"员工就是合伙人"这一理念时，沃尔玛不仅从身份上对员工表现出充分尊重，如强调人人平等、对基层员工开放沟通机制。而且在员工收益

上，也将这一理念发挥得淋漓尽致，因为在沃尔玛，员工除了可以获得固定工资以外，还享有利润分享、股权激励、损耗奖励、补充福利等多种收入。

在沃尔玛，管理人员和员工之间也是良好的合作伙伴关系。公司经理人员的纽扣刻着"我们关心我们的员工"字样，管理者必须亲切对待员工，必须尊重和赞赏他们，对他们关心，认真倾听他们的意见，真诚地帮助他们成长和发展。总之，合作伙伴关系在沃尔玛公司内部处处体现出来，它使沃尔玛凝聚为一个整体。

② 重视信息的沟通。沃尔玛公司重视信息的沟通，提出并贯彻门户开放政策，即员工任何时间、任何地点只要有想法或者意见，都可以口头或者以书面的形式与管理人员乃至总裁进行沟通，并且不必担心受到报复。任何管理层人员如借"门户开放"政策实施打击报复，将会受到严厉的纪律处分甚至被解雇。这种政策的实施充分保证了员工的参与权，为沃尔玛人力资源管理的信息沟通打下了坚实的基础。

沃尔玛以各种形式进行员工之间的沟通，大到年度股东大会小至简单的电话会谈，公司每年花在电脑和卫星通信上的费用达数亿美元。沃尔玛还是同行业中最早实现与员工共享信息的企业。授予员工参与权，与员工共同掌握公司的许多指标是整个公司不断升格的经营原则。分享信息和责任也是合作伙伴关系的核心。

员工只有充分了解业务进展情况，才会产生责任感和参与感。员工意识到自己在公司里的重要性，才会努力取得更好的成绩。

③ 领导的公仆精神。"公仆"式领导在沃尔玛普遍存在，领导与员工是呈"倒金字塔"的组织关系，领导处于最底层，员工是中间的基石，顾客永远是第一位的。

员工为顾客服务，领导则是为员工服务，是员工的"公仆"。对于所有走上领导岗位的员工，沃尔玛首先提出这样的要求："如果您想事业成功，那么您必须要您的同事感觉到您是在为他们工作，而不是他们在为您工作。"

然而，"公仆"不是坐在办公桌后发号施令，而是实行走动式管理，管理层人员要走出来直接与员工交流、沟通，并及时处理有关问题。在沃尔玛，任何一个普通员工佩戴的工牌注明"our people make difference"（我们的同事创造非凡）。除了名字之外，工牌上没有标明职务，包括最高总裁。公司内部没有上下级之分，可以直呼其名，这有助于营造一个温暖友好的氛围，给员工提供一个愉快的工作环境。

另外，还有离职面试制度可以确保每一位离职员工离职前有机会与公司管理层交流和沟通，从而能够了解到每一位同事离职的真实原因，有利于公司制定相应的人力资源战略。挽留政策的实行不仅使员工流失率降到最低程度，而且即使员工离职，仍会成为沃尔玛的一位顾客。

11.6 索尼中国：坚持人本主义的用人之道

20世纪90年代日本泡沫经济破灭，受此影响，许多日本企业举步维艰，而索尼在短短几年时间里，快速调整经营策略，是最早走出困境的企业之一。其中，在整个过程中人力资源起到了至关重要的作用，索尼公司不断探索"以人为本"的人力资源开发，随时应对外部市场环境的变化。

索尼中国作为索尼的一部分，在用人上与索尼总部总体上是一致的，采用全球统一的人力资源体系。坚持贯穿全球化人力资源管理、本土化人力资源开发的原则，实现内外兼修，革新致远的方针。

那么，索尼中国具体是如何做的呢？如图11-9所示。

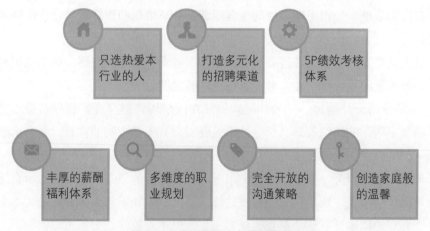

图11-9　索尼中国人力资源管理方式

（1）只选热爱本行业的人

只有发自内心的热爱，才会真正产生忠诚。对于一个企业来讲，选择一个热爱本行业的员工，比知识、能力、经验更重要。一个没有知识、经验的人，可以因热爱而主动去学习，主动去了解；而不热爱本行业，再大的能力和才华都无法发挥出来。

选择一个喜爱索尼和科技的人来索尼公司任职，对企业不仅是一件美事，对于来面试的员工来说也是一种殊荣。

（2）打造多元化的招聘渠道

为了应对不断变化的外部环境，索尼中国人力资源部需要不断储备各种类型的人才，在招聘渠道上也会有所不同。除了传统的猎头和线下校园招聘之外，还在官方微信内加入招聘启事。因为官方微信上的人群一定是索尼的潜在人群，招聘的员工一定会成为忠诚的员工。

采用这种针对性招聘的策略也是为了应对新生员工，特别是90后，目前占索尼中国总员工人数的10%，这也是为了应对索尼音频主打年轻人群的需要，毕竟年轻的员工更懂年轻的用户需要什么，想要什么。通过甄选出适合业务调整的人才，快速进入工作状态，并能更好地理解索尼中国公司的文化，自然也会有更快的发展前景。

（3）5P绩效考核体系

绩效评估是很多公司考核员工的主要标准，索尼中国同样有绩效评估体系，不同的是索尼中国的绩效评估并不是采用单独、唯一的数据对员工进行绩效评估，而是通过业绩考核、能力考核等方面来对员工的绩效进行相对公正的评估。

索尼（中国）采用的是独具特色的5P绩效考核体系，5P具体如图11-10所示。

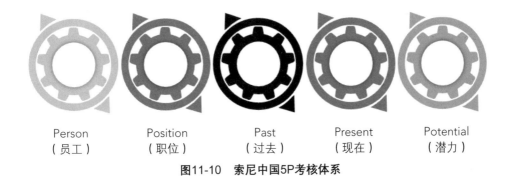

| Person
（员工） | Position
（职位） | Past
（过去） | Present
（现在） | Potential
（潜力） |

图11-10　索尼中国5P考核体系

利用5P考核体系主要是基于以下考虑：员工（Person）任职于某个特定岗位，对员工的考核在一定程度上应是基于岗位的考核，一个岗位（Position）会有相应的岗位说明书，岗位职责在一定程度上就是绩效考核的指标和要求。

员工在该岗位上工作会有一定的业绩，业绩本身由三部分构成：过去的业绩（Past）、现在的业绩（Present）和将来的业绩，将来的业绩用员工潜力（Potential）来预测。

（4）丰厚的薪酬福利体系

索尼能创造出高体验的科技产品，其人力资源管理自然也能让员工感受到高体验的服务。索尼中国为员工提供了丰富的福利体系和培训体系，包括常规的薪资福利，还有带薪病假、带薪休假以及公司假；公司假是为了应对节假日外地员工归心似箭的心情，在原本法定假期的基础上再增加的，以让外地员工提前回家，错峰人流。

（5）多维度的职业规划

索尼中国员工每年都需要制定一份发展规划，索尼中国人力资源部为员工的发展提供多维的发展方向，技术人员希望专精于技术部门，则可以提供精进的垂直发展；如果这位技术人员希望能在市场推广方面有一定的发展机会，索尼中国人力资源部可以为这样的员工提供横向发展。

索尼中国除了常规的职业规划外，还有一种独特的发展体系，人力资源部称为斜向发展，如果这位技术人员想晋升为项目经理，可以直接与其他部门的主管进行内部招聘，一旦被录用则可以转至其他部门，人力资源部会在整个过程中与不同部门和上级之间进行协调。

（6）完全开放的沟通策略

沟通，直接体现一家公司人力资源管理能力，索尼中国通过内部的信息网将索尼公司的近况第一时间传递给每一位索尼员工。组织不同结构人员的沟通，实现一种完全开放的沟通平台来深入工作、生活等方面的交流。索尼员工是索尼新业务永远的尝鲜者，索尼所有的新业务都会优先让索尼员工尝试。

（7）创造家庭般的温馨

索尼强调家庭式的温馨和团结精神，以此激发每位员工的主动性、积极性，激发他们参与管理的热情。盛田昭夫认为，组织只是手段，并不是目的。组织存在和得以发展本身并不是组织的目的，组织终究只是作为从事业务，促进员工发展的手段而设置。

"人"是一切经营的最根本的出发点。所谓的经营就是组织众人，使每个人的才能得到最大限度的发掘，并成为一股巨大的力量，从而建设一个自由欢乐的理想工厂。因此，管理者的任务就是要培育与职员之间的健康关系，在公司中产生一种大家庭式的整体观念，使职员具有一种命运共同体的意识。

这种对职工充分尊重和坚定信任的做法使员工追求平等、渴望家庭般温馨的心理得到了极大的满足，很好地培育了员工的命运共同体观念，从而为企业忠心耿耿地工作。

11.7　微软：择人任事，职得其人，人尽其才

如果说在工业社会，一位优秀技工和一位普通技工的效率差异可能只有20%或30%的话，那么信息社会，一位高级程序员和一位普通的程序员的效率差异就会达到10倍以上。信息社会人才的价值尤为重要。

微软公司曾有一位编程高手，一次他对经理说，你们的产品还缺一种重要功能。经理说"我也想做这个功能，但至少要50个人半年的时间，现在恐怕来不及了"。这位编程高手什么也没说就走了，第二个星期开会时，他对那位经理说，你要的功能我已经帮你做完了。因为这样一位编程高手知道很多其他程序员所不知道的解决问题的捷径，他在一个星期里就能做完50个人半年的工作量。

这就是特殊人才的意义，人才是企业立足之本。微软从成立之初就十分重视人才，把人才管理的理念视为公司的核心理念，把人才相关的工作视为公司最重要的任务之一，追踪、挖掘、培养、重视和留住人才。

微软对人才的重视程度主要表现在如图11-11所示的四个方面。

图11-11　微软对人才的重视程度体现的方面

（1）求贤若渴：追踪和挖掘人才

重视人才的一个最直接的体现，就是企业善于发现和挖掘人才，使企业内

拥有一大批高水平的人才。微软从高层到基层，各级管理者都非常善于发现人才，无论对方是大师级的人才，还是应届大学毕业生。

微软非常善于直接从学校挖掘大学生人才，用人部门每年都会去大学亲自面试最优秀的应届毕业生。在微软，大部分的副总裁都是在大学毕业后直接进入公司的。

另外，微软还善于追踪离开公司的优秀员工。在微软看来，员工跳槽并不是一件坏事。对于离开公司的优秀员工，微软会认真分析其离开的原因，同时，对他们离职后的情况进行追踪，准备在合适的时间再把他们请回微软。这种鼓励人才流动的机制可以更好地激发人才的积极性，可以真正得到员工的信任和支持。

（2）任人唯贤：面试和聘请人才

任人唯贤是微软公司一贯遵循的用人理念。微软要求每一个新雇员的素质都超过整个团队的平均水平，而不是降低团队的素质，以此来提升团队的平均素质。

在微软流传着这样一个观念："一流的人雇用一流的人，二流的人雇用三流的人，当一个队伍雇用第一个二流的人的时候，就是它走下坡路的时候。"换句话说，当你雇用的人超过你，成为你的上司时，你不但不应当感到羞愧，而且应该感到无比自豪。所以，微软公司的管理者总是希望雇用到比自己强的人才。

微软的任人唯贤还体现在面试上，微软有独特的面试机制，流程设计得十分精心。当一位新人应聘微软的工作时，都会面临多位微软员工的面试，而且每一位参加面试的员工都事先分配好面试时的任务。除了考察专业知识、工作经验之外，也会考察独立思考能力及面对难关时的表现。因为微软要的不只是那些技术上的专家，还是学习能力强、有团队精神的人。所以，面试时对这些方面也要深入地询问。

还有一个环节十分独特，那就是每一次面试后，面试者都会把自己的意见和下面应该考核的问题交给后续的面试者。最后，只有得到绝大多数参与面试者的同意，并在明察暗访所得的结果令人满意时，才会被聘用。

（3）人尽其才：评估和培养人才

微软深信"人尽其才"，通过评估和培养人才，让每个人的才能都能得到最大限度的发挥。具体做法如图11-12所示。

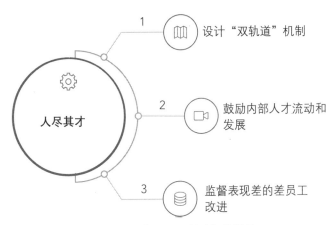

图11-12　微软"人尽其才"的做法

① 设计"双轨道"机制。"双轨道"机制是指，既允许优秀员工在管理轨道上发展，也允许他们根据自己的意愿，在技术轨道上发展。在每个轨道上，微软为员工提供的机会是平等的，员工并不一定非要做管理工作才能促进个人事业的发展。所以在微软，一个最高级别的工程师可能比副总裁还要资深，并不是什么新鲜事儿。这样的"双轨道"机制从制度上保证了人才发展道路的多样性，有利于吸引人才和留住人才。

② 鼓励内部人才流动和发展。微软公司鼓励公司内部人才的流动和发展。各级管理者都遵循人尽其才的方式给每一个优秀的人才发展的空间。各级管理者也深深理解"最优秀的人不属于我，而属于公司"，他们不会把人才据为己有，而是给最优秀的人才更好的发展机会，无论这个机会是不是由自己所管理的机构提供的。在这样的制度下，优秀的人才大多能找到适合自己的发展道路。

据说，微软会定期对公司内部的人才状况进行评估和分析。总部每年都会要求各部门管理者把本部门最杰出的人才详情做成报告；然后，总公司将所有报告装订成一本独特的《人才报告》；最后，综合来评估这些人才的发展前景。

这样的做法为高级人才在公司内的发展提供了良好的晋升路径，也可以在公司有空缺职位的时候迅速找到合适的人选。

③ 监督表现差的员工改进。除了培养优秀的人才之外，微软也会督促那些表现较差的员工，给他们改进的机会。为了达到这个目的，微软公司建立了完善的分级评估体系，并定期对员工的工作表现进行考核。在每一年度的考核

中，每一个副总裁必须把他部门所有的员工分成四个等级：每一个等级必须有合理的比例，总会有相当一部分员工被评为第三或第四等。其中，拿到第四等（大约5%）的员工等于是拿到了"不改进就得走"的信息。

这样的制度如果不是以身作则，就无法得到员工的支持和信服。所以，即便副总裁或总经理这一级，微软也施行严格的淘汰制。有一次，史蒂夫召集公司最资深的100个人开会，并告诉他们说："我要求你们找出最差的5%的员工，不论他们资历如何，都要给他们一个不改进就得走的警告。'不论资历'的意思是，今天有你们这100位高级经理在这里开会，而明年开会时就应该只有95个人了。"结果，下一次开会时，果真有不止5位高级经理已经离职。

（4）才尽其用：重视和留住人才

很多人认为，留住人才关键是待遇。的确，每个人都应该得到适当的待遇，但对软件人才来说，则更看重工作环境。与提高员工待遇相比，微软更重视为员工提供能够吸引人、留住人的环境。

微软为员工提供的工作环境是多层面的，具体包括如表11-7所示的内容。

表11-7　微软为员工提供的工作环境

序号	工作环境
1	有众多的产品，能让员工发挥才华和潜力，做出最大的贡献
2	充分的资源支持，让每个人都没有后顾之忧
3	最佳的队伍和开放、平等的环境，让每个人都有彼此切磋、彼此学习的机会
4	吸引人的科研工作，让每个人都热爱自己的工作
5	领导者理解并支持员工的研究，让每个人都能在紧随公司大方向的同时，仍有足够空间及自由去发展、追求自己的梦想

附　录

附录1　不同职能人员职责对照表
▶ 人力资源总监工作明细
▶ 人力资源经理工作明细
▶ 招聘经理工作明细
▶ 培训经理工作明细
▶ 绩效经理工作明细
▶ 薪酬经理工作明细

附录2　人力资源管理常用的工具
▶ 组织结构设计工具
▶ 工作分析工具
▶ 招聘管理执行工具
▶ 培训计划管理工具
▶ 员工日常管理工具
▶ 绩效考核管理工具
▶ 薪酬管理工具

附录3　人力资源管理工作流程图
▶ 员工招聘与录用管理流程
▶ 员工培训管理流程
▶ 员工考勤管理流程
▶ 员工绩效管理流程
▶ 员工薪酬管理流程
▶ 员工档案管理流程
▶ 员工劳动合同管理流程
▶ 员工薪酬发放流程

附录1　不同职能人员职责对照表

附录1-1
►人力资源总监◄
工作明细

附录1-2
►人力资源经理◄
工作明细

附录1-3
►　招聘经理　◄
工作明细

附录1-4
►　培训经理　◄
工作明细

附录1-5
►　绩效经理　◄
工作明细

附录1-6
►　薪酬经理　◄
工作明细

附录2　人力资源管理常用的工具

附录2-1
▶组织结构设计◀
工具

附录2-2
▶　工作分析　◀
工具

附录2-3
▶招聘管理执行◀
工具

附录2-4
▶培训计划管理◀
工具

附录2-5
▶员工日常管理◀
工具

附录2-6
▶绩效考核管理◀
工具

附录2-7
▶　薪酬管理　◀
工具

附录3　人力资源管理工作流程图

附录3-1
▶ 员工招聘与 ◀
录用管理流程

附录3-2
▶ 员工培训 ◀
管理流程

附录3-3
▶ 员工考勤 ◀
管理流程

附录3-4
▶ 员工绩效 ◀
管理流程

附录3-5
▶ 员工薪酬 ◀
管理流程

附录3-6
▶ 员工档案 ◀
管理流程

附录3-7
▶员工劳动合同◀
管理流程

附录3-8
▶ 员工薪酬 ◀
发放流程